—— 勤用脑、多练脑，增加生活乐趣，让大脑动起来 ——

送给父母玩的脑动力游戏

刘 荔 ◎ 编著

♡ 爸爸妈妈，我爱你们

你养我长大，我陪你变老

随时可以给我打电话

过节放假，我一定回家 ♡

中华工商联合出版社

图书在版编目（CIP）数据

送给父母玩的脑动力游戏 / 刘荔编著. -- 北京：中华工商联合出版社, 2017.12（2024.2重印）
ISBN 978-7-5158-2157-3

Ⅰ.①送… Ⅱ.①刘… Ⅲ.①智力游戏－中老年读物 Ⅳ.①G898.2

中国版本图书馆CIP数据核字(2017)第314272号

送给父母玩的脑动力游戏

作　　者：刘 荔
选题策划：关山美
责任编辑：关山美
封面设计：北京聚佰艺文化传播有限公司
责任审读：于建廷
责任印制：迈致红
出版发行：中华工商联合出版社有限责任公司
印　　制：三河市同力彩印有限公司
版　　次：2018年1月第1版
印　　次：2024年2月第3次印刷
开　　本：710mm×1020mm 1/16
字　　数：200千字
印　　张：14
书　　号：ISBN 978-7-5158-2157-3
定　　价：69.00元

服务热线：010—58301130
销售热线：010—58301130
地址邮编：北京市西城区西环广场A座19—20层，100044
http：//www.chgslcbs.cn
E-mail：cicap1202@sina.com(营销中心)
E-mail：gslzbs@sina.com(总编室)

目录

Contents

001 | 第一章 传统文化游戏

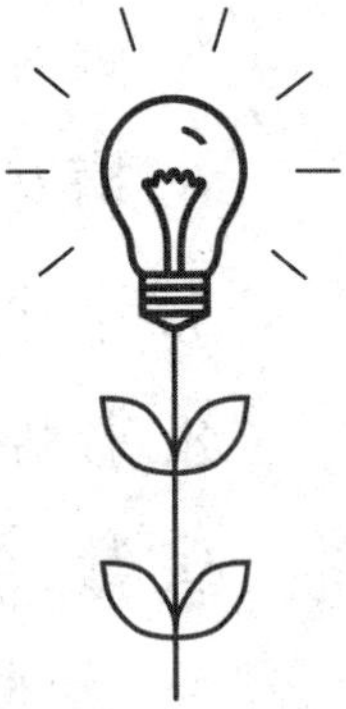

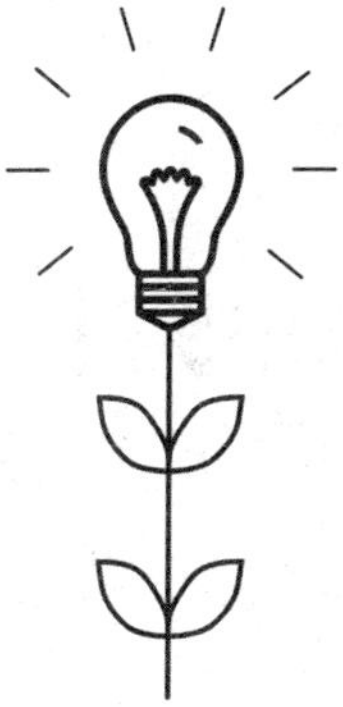

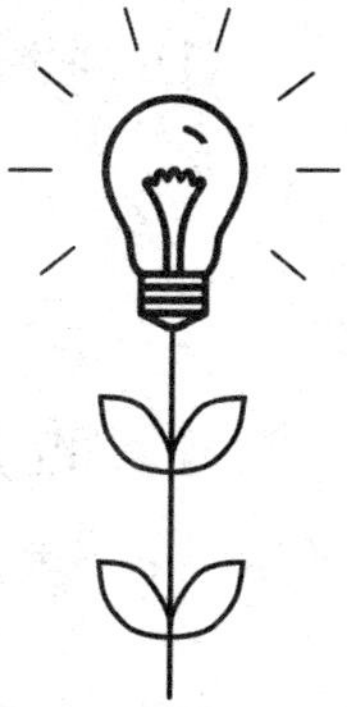

151 | 第五章 逻辑推理游戏

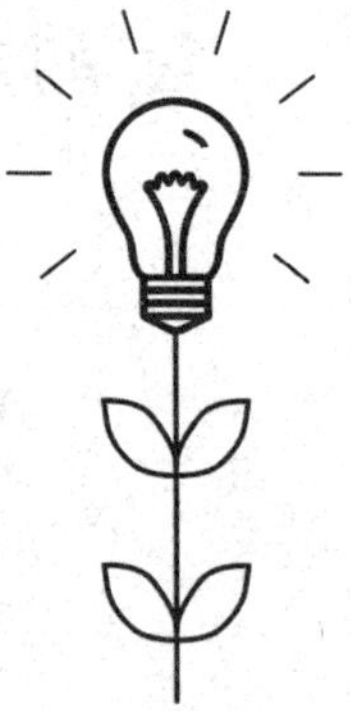

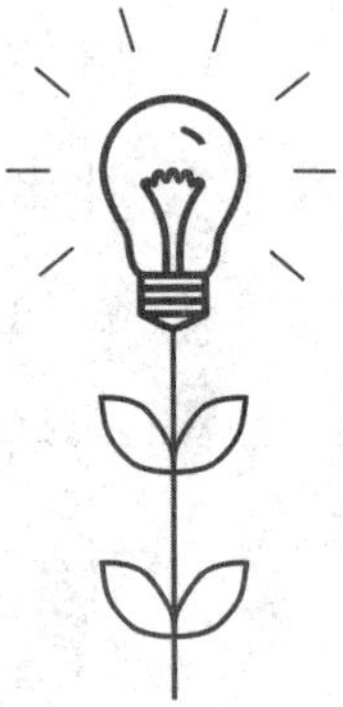

第一章

传统文化游戏

1. 飞雁体诗

飞雁体诗从形式上看是一种宝塔诗，呈对顶塔形，但与宝塔诗在读法上不同。它有两种摆法，因此有两种读法。旧时一般读法是从左上一字开始往右下斜读，然后依此类推，左右开弓斜着读，两两交叉，呈人字行，犹如雁阵，所以叫飞雁体。现在有的人按现在的习惯改排为从右上一字开始往左下斜读。

清代康熙年间流传一首飞雁文，是咏山诗，你能将它读出来吗？

山山
山远花山
山路草云接山
山又猿飞绿鸟树山
深客片抱偷澄僧林
片绕僧树请澄
饭山山吟
客寻

【帮您一把】：这是首五言诗。

2. 三角形诗

三角形诗是我国古代广为流传的一种图形诗，顶头“月”字为诗题，中间竖行七个月为邻字偏旁。从第二行“湖上”开始向下左绕右旋至“游”字，读成一首七言律诗。你能将它读出来吗？

月
沽月上
魄兔月童瞳
幽光日月忽散一
银垂已向月龙朎秋天
钓圆绽今其月漾玉球馥郁
收中镜色山胧月蒙落外云芬桂
凭栏深夜看逾良月何处笙箫作胜游

【帮您一把】：找到“湖”“瞳”“明”“胧”“期”“朦”“朗”了吗？

3. 桃花源诗碑

“桃花源诗碑”记载了我国古代广为流传的一首趣味古诗。从“牛”字开始，自内而外按顺时针旋读，下句首字为上句尾字拆读，连环至“棋”字，可成一首七言律诗。你能将它读出来吗？

机	时	得	到	桃	园	洞
忘	钟	鼓	响	停	始	彼
尽	闻	会	佳	期	觉	仙
作	惟	女	牛	下	星	人
而	静	织	郎	弹	斗	下
机	诗	赋	又	琴	移	象
观	道	归	冠	黄	少	棋

【帮您一把】：原文为繁体字，其中“响”的繁体字写法为“響”。

4. 翠蕉诗

这幅图含《春》《夏》《秋》《冬》七言绝句四首。读《春》，从“春”字读起，第二字从“雨”字读起，第三句从“晴”字读起，第四句从“来”字读起，读到“来访友家花径斜”为止。《夏》《秋》《冬》三首的读法，与《春》诗相同。你能将这四首诗读出来吗？

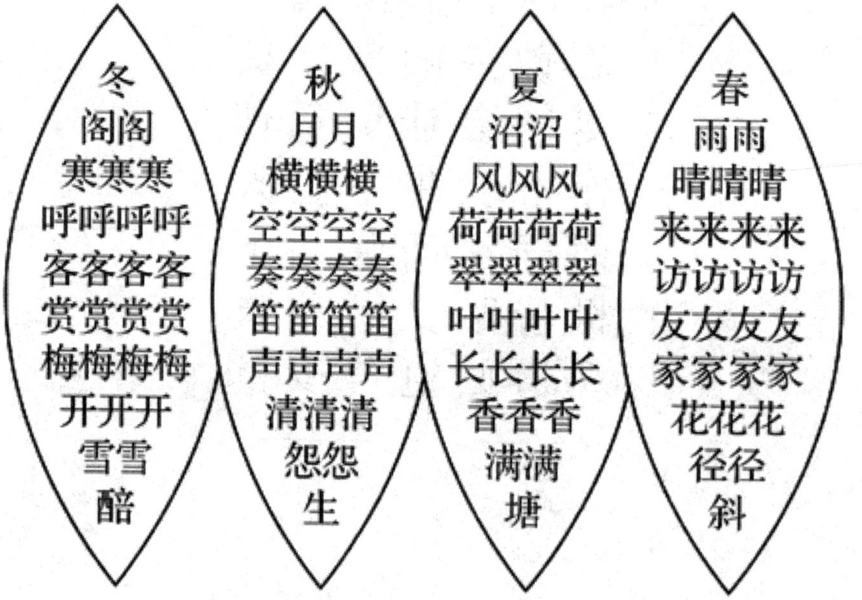

【帮您一把】：斜着读。

5. 火环诗

《幽斋夏日》是我国古代广为流传的一首“火环诗”。

如图所示包括左右两环，各藏七律诗一首。每句的末尾三个字，均为句首前三字的倒序。上环一首从“幽居”读起，下环一首从“瓜种”读起，向顺时针方向读诵。你能将这两首诗读出来吗？

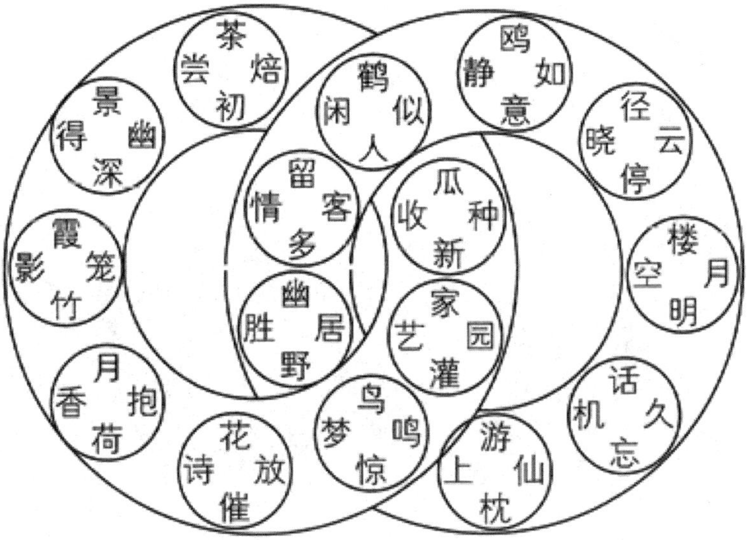

【帮您一把】：先起个头，“幽居野胜野居幽”。

6. 梅花形诗

“梅花形诗”是我国古代广为流传的一种图形诗，诗中某些字要重复读，形成连珠，要一个圈的字挨一个圈的字读，读成蝉联式连环七绝三首。分别从“江练”“天外”“流光”开始，你能把这三首诗读出来吗？

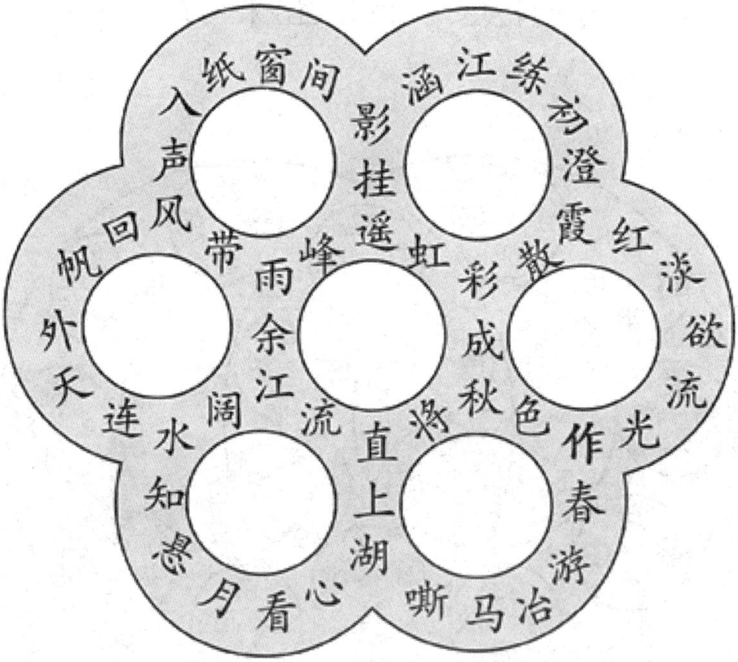

【帮您一把】：“江练”接下来是“窗间”；“天外”接下来是“悬知”；“流光”接下为是“游治”。

7. 十字图诗

清代学者赵文川写过一首名叫《状元卷》的七言四句加五言四句十字图诗。你能将这两首诗读出来吗？

才

子　秀　元

读　　　　状

成

书　　　　做

来　路　有　君　通　达　我

到　　　　选

教

百　　　　如

学

花　　　　学

开

【帮您一把】：先按十字形读成一首七言绝句，再读外圈，运用顶针，可读成一首五言绝句。

8. 敦煌十字图诗

“十字图诗”是指诗的排列为“十”字形的诗，读法颇多，但一般居于“十”字中心的那个字在每一句中都会被用到。

“十字图诗”属于图像诗，也属于回环顶针，其中有的也属于回文诗，甚至有的是反复诗。此诗出自敦煌遗书，为唐人所作。你能将它读出来吗？

天
阴
逢
白
日照仁卿霜开辟文王
寒
露
结
为

【帮您一把】：“霜”是关键，拆开为“雨”“相”，合为“霜”。

9. 数字会意诗

从前，龙虎山有位道士云游四方走南闯北，在一座寺院留下一首诗，形式独特，共十三层，每层字数不等，利用字形表示意义，设想奇特，名为“会意诗”，你能将它读出来吗？

龙
虎　虎
山山山
清清清
水 水 水 水
会
仙仙仙仙　仙仙仙仙
湖湖湖湖湖
海海　海海
为朋友
走走走走走走走走走
江 河
川 川 川 川

【帮您一把】：几条龙？几只虎？几座山？

10. 花心诗

“花心诗”是我国古代广为流传的一种趣味古诗。本诗先将“出、觅、要、拿”拆开，再与花字串读。你能将它读出来吗？

【帮您一把】：“出”＝“山山”；“觅”＝“不见”；“要”＝“西女”；“拿”＝“合手”。

11. 拆字连环贯通回文诗

北宋诗人宋庠写过一首名叫《寄范希文》的拆字连环贯通回文诗。

这首由 20 个字组成的诗环，是诗人为好友希文（范仲淹）而作。该诗之妙，妙在能读出两首五绝与两首七绝，描绘出旷野的秋色。你能把这四首诗读出来吗？

【帮您一把】：其中一种读法是从“花”开始。

12. 宝塔诗

试试看，这首诗怎么念？

开
山满
桃山杏
山好景山
来山客看山
里山僧山客山
山中山路转山崖

【帮您一把】：这是首七言诗。

13. 矩式回文诗

“矩式回文诗”是我国古代广为流传的一种趣味古诗，分别以四角的字为首句首字，又以上句的尾字为下句的首字连环，顺读、回读，成五言绝句。你能将它读出来吗？

翠	烟	湖	上	亭
苔				幽
绣				在
石				隐
汀	鸥	自	解	意

【帮您一把】：顺读、回读的两首诗意境有所不同。

14. 单字双叠诗

仲春一日，翰林学士苏轼收到诗友佛印禅师的长歌一首，全篇单字双叠，共百余对，写得十分怪异：

“野野鸟鸟啼啼时时有有思思春春气气桃桃花花发发满满枝枝莺莺雀雀相相呼呼唤唤岩岩畔畔花花红红似似锦锦屏屏堪堪看看……”

苏学士反复吟诵，苦心推敲，难解其意，弄得食不甘味，夜不能寐，像生了大病。苏小妹知道后，匆匆来到哥哥书房探访，听罢缘由后，取过佛印禅师的诗笺细细琢磨。良久，忽然笑着说：“贤兄无须犯难，此歌好解！”说完拿起诗笺，念了起来，破了此谜。东坡一听，恍然大悟，连声称妙。你能猜出苏小妹是如何解的诗吗？

【帮您一把】：第一句是“野鸟啼，野鸟啼时时有思”。

15. 汉字接龙（1）

丁	认	名

人	见	?

A	B	C	D
义	本	式	以

【帮您一把】：注意笔画数。

16. 汉字接龙（2）

口	旧	首

吕	?	佃

A	B	C	D
堂	凸	四	澡

【帮您一把】：数数有几张嘴。

17. 汉字接龙（3）

开	面	出
青	勺	什
小	对	?

A	B	C	D
无	忠	走	三

【帮您一把】：拆开。

18. 汉字接龙（4）

					A	B	C	D
二	小	无	外	?	阳	春	白	雪

【帮您一把】：注意笔画数。

19. 找出对应项（1）

阅读—技能

A. 种瓜—技巧

B. 焊接—技术

C. 浏览—才华

D. 作诗—天赋

【帮您一把】：好好审题吧。

20. 找出对应项（2）

阳光—紫外线

A. 电脑—辐射

B. 海水—氯化钠

C. 混合物—单质

D. 微波炉—微波

【帮您一把】：包含关系。

21. 成语填空 (1)

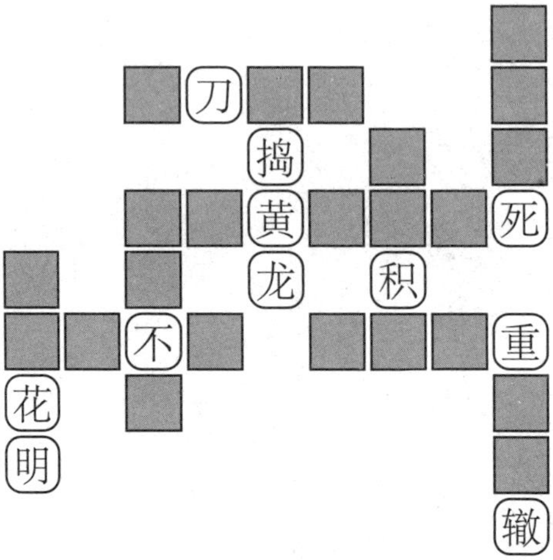

【帮您一把】：填入的部分文字：直、室、河、生。

22. 成语填空 (2)

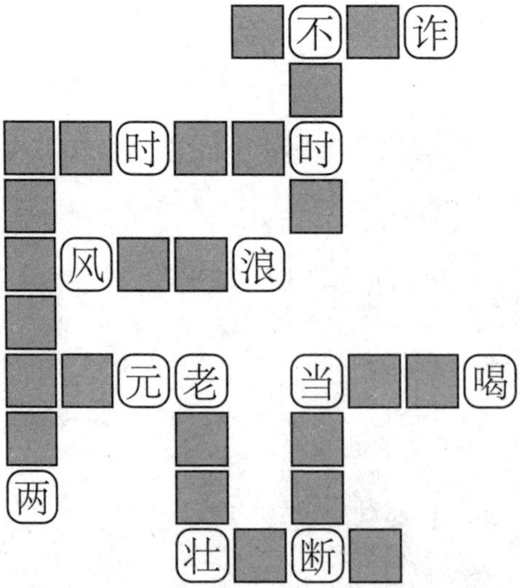

【帮您一把】：填入的部分文字：无、此、腕、务。

23. 成语填空 (3)

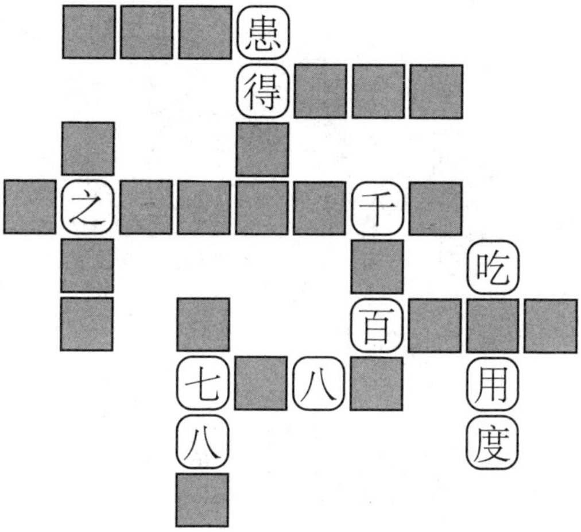

【帮您一把】：填入的部分文字：失、心、疮、鼻。

24. 成语填空 (4)

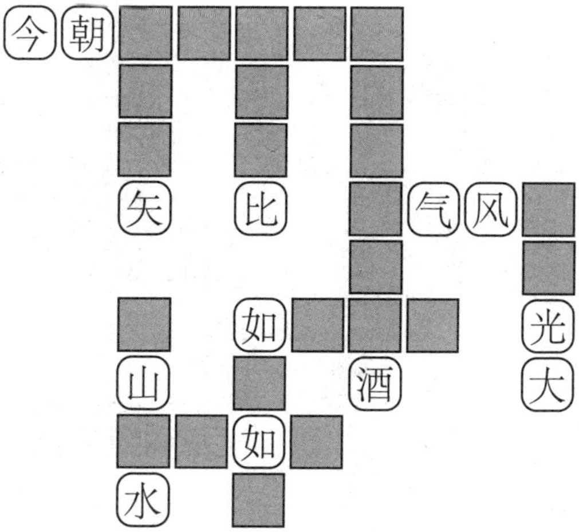

【帮您一把】：填入的部分文字：酒、放、乐、箭。

25. 成语填空 (5)

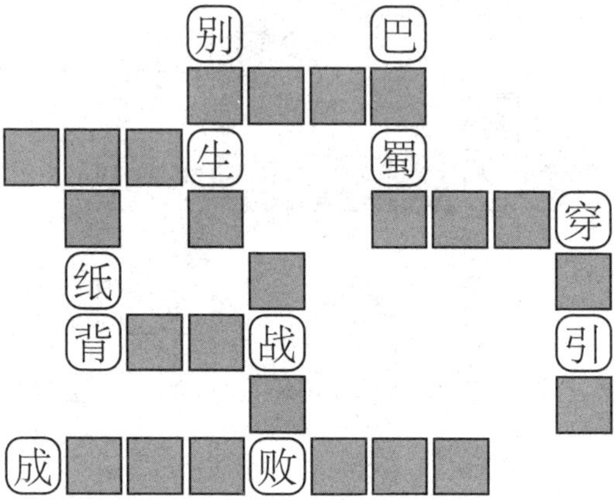

【帮您一把】：填入的部分文字：力、一、屡、水。

26. 成语填空 (6)

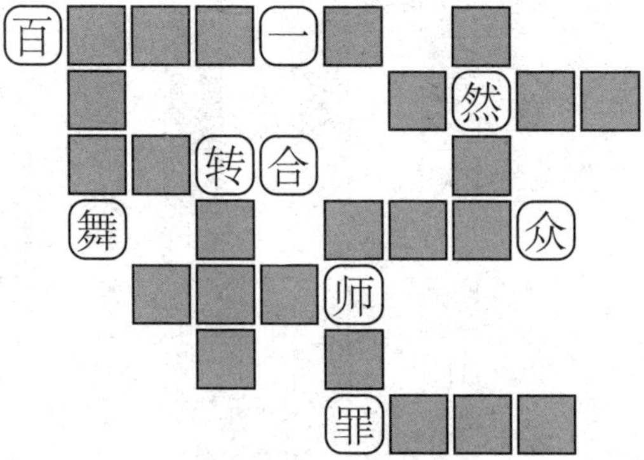

【帮您一把】：填入的部分文字：鸡、喜、昭、岿。

27. 成语填空 (7)

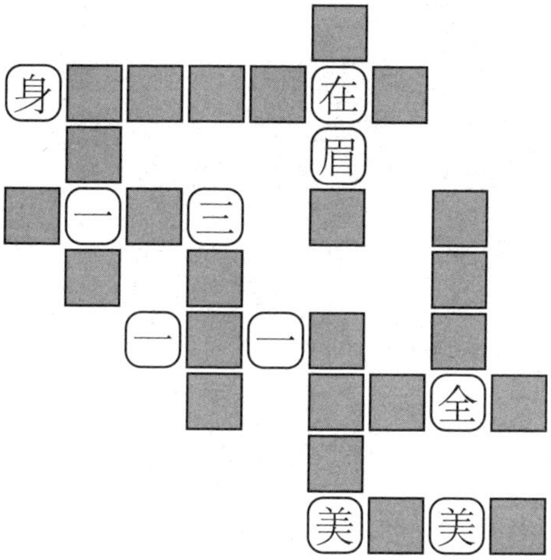

【帮您一把】：填入的部分文字：番、心、举、曹。

28. 成语填空 (8)

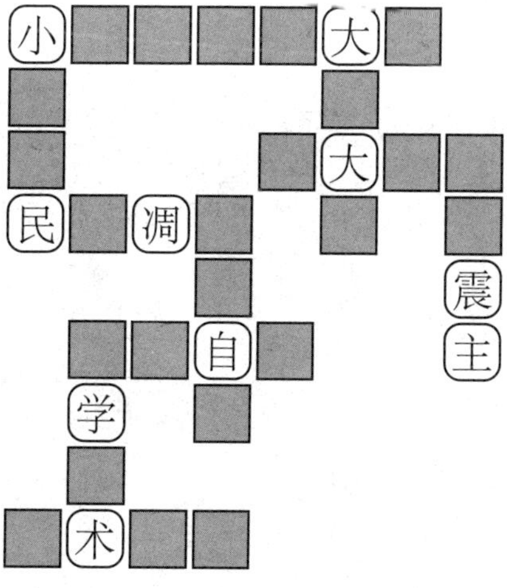

【帮您一把】：填入的部分文字：国、心、悟、功。

29. 成语填空 (9)

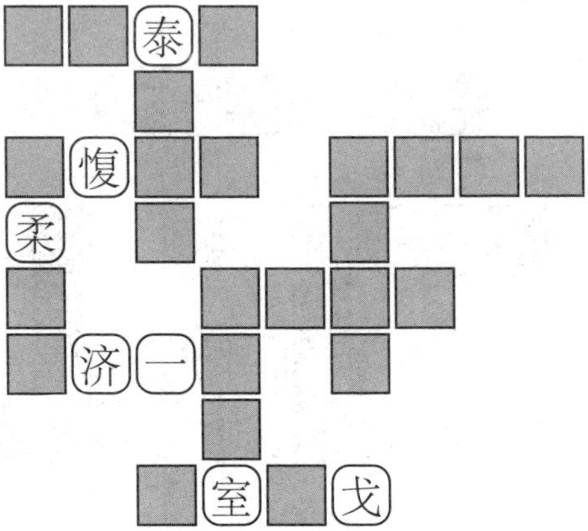

【帮您一把】：填入的部分文字：刚、登、造、闭。

30. 成语填空 (10)

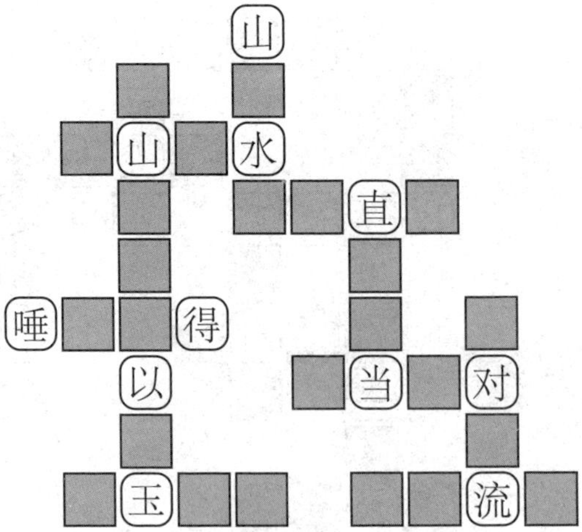

【帮您一把】：填入的部分文字：金、截、长、高。

31. 诗词拼拼 (1)

诗词中，有些字的位置有误，请把它们换到正确的位置上。

山村咏怀

邵雍（宋）

五	去	烟	枝	里	，
一	村	三	七	家	。
亭	台	六	四	座	，
八	九	十	二	花	。

【帮您一把】：第一句是：一去二三里。

32. 诗词拼拼 (2)

诗词中，有些字的位置有误，请把它们换到正确的位置上。

画

王维（唐）

去	看	山	有	色	，
听	人	水	无	来	。
春	声	不	还	在	，
惊	花	鸟	远	近	。

【帮您一把】：第一句是：远看山有色。

33. 诗词拼拼 (3)

诗词中，有些字的位置有误，请把它们换到正确的位置上。

无题·相见时难别亦难

李商隐（唐）

相	光	时	难	别	鸟	难	，
东	蚕	春	力	蓬	风	残	。
去	无	殷	多	花	方	尽	，
蜡	此	成	灰	丝	始	干	。
晓	到	但	改	看	鬓	月	，
炬	吟	探	觉	寒	勤	愁	。
云	山	应	泪	无	夜	镜	，
青	路	亦	见	为	死	百	。

【帮您一把】：第一句是：相见时难别亦难。

34. 诗词拼拼（4）

诗词中，有些字的位置有误，请把它们换到正确的位置上。

嫦 娥

李商隐（唐）

云	母	心	渐	灵	星	影	，
娥	河	屏	落	偷	深	碧	。
嫦	晓	天	悔	沉	长	药	，
应	海	青	烛	夜	风	夜	。

【帮您一把】：第一句是：云母屏风烛影来。

35. 填字游戏 (1)

根据提示填字补全词语。

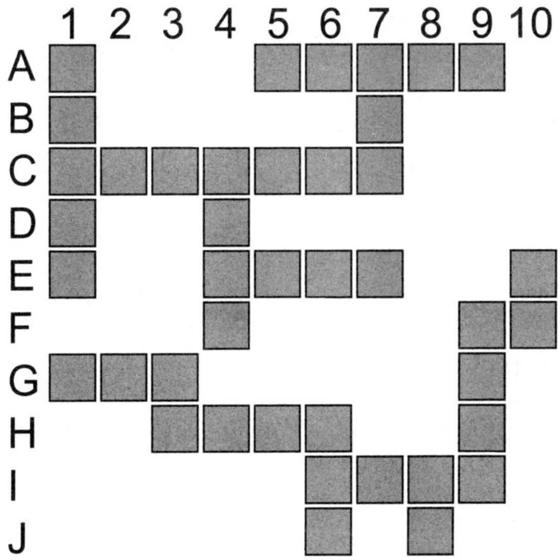

1：苏轼的一句词“千里共婵娟”的上句。

3：我国的一个省份，晋商的发源地。

4：以中学生生活为题材的一部小说，曾改编为电影。

6：一种低等动物，单细胞，会改变自身的形状。

7：我国一部大型音乐舞蹈史诗。

8：一个名词，形容事物发展的主体部分。

9：一部武侠小说。

10：形容荒芜的一个词。

A：我国古代的叙事诗，汉乐府民歌中最长的一首叙事诗。

C：“去年今日此门中”的下句。

E：成语，借某种植物的生长状况，比喻新事物大量出现。

F：一位已故的著名女作家，作品有《撒哈拉的故事》。

G：美国城市，又称“圣弗朗西斯科”。

H：1936 年发生在陕西的一次重大事件。

I：一种不注重实质的工作风格。

【帮您一把】：4 为“花季雨季”。

36. 填字游戏 (2)

根据提示填字补全词语。

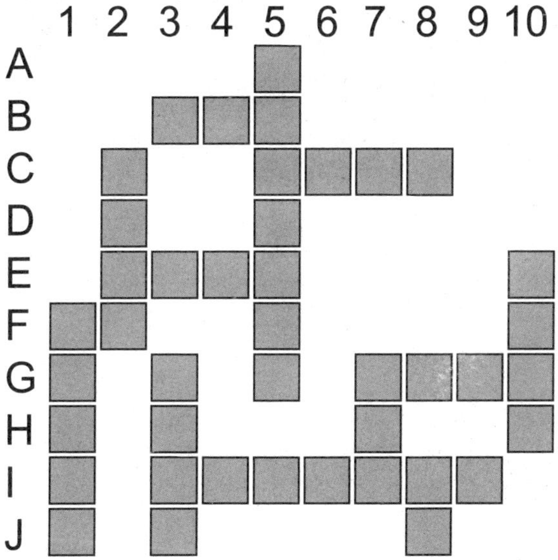

1：“不怕没柴烧”的上句。

2：我国一所著名的高等学府，由孙中山先生创办。

3：成语，形容机会难得。

5：“日啖荔枝三百颗”的下句。

7：《三字经》中的第一句。

8：我国历史上的一个著名时期，四大名著之一描写的时代。

10：星斗变动位置，指季节或时间的变化。

B：北朝民歌，内容是少女代父从军。

C：指永远保持生命，古代君王寻求丹药所追求的目标。

E：内蒙古高原和松辽平原的分水岭。

F：一个名词，指出国念书。

G：一种用于科学研究的航天器。

I：“露似珍珠月似弓”的上句。

【帮您一把】：10为“斗转星移”。

传统文化游戏答案

1. 飞雁体诗

山远路又深，山花接树林。
山云飞片片，山草绿澄澄。
山鸟偷僧饭，山猿抱树吟。
山僧请山客，山客绕山寻。

2. 三角形诗

湖上瞳朣兔魄幽，光明忽散一天秋。
昤昽向已垂银钓，圆绽今期漾玉球。
馥郁桂芬云外落，朦胧山色镜中收。
凭栏深夜看逾朗，何处笙箫作胜游。

3. 桃花源诗碑

牛郎织女会佳期，月下弹琴又赋诗。
寺静惟闻钟鼓响，音停始觉星斗移。

多少黄冠归道观，见机而作尽忘机。
几时得到桃源洞，同彼仙人下象棋。

4. 翠蕉诗

春
春雨晴来访友家，雨晴来访友家花。
晴来访友家花径，来访友家花径斜。
夏
夏沼风荷翠叶长，沼风荷翠叶长香。
风荷翠叶长香满，荷翠叶长香满塘。
(《秋》《冬》同理)

5. 火环诗

其一
幽居野胜野居幽，留客多情多客留。
鹤似人闲人似鹤，鸥如意静意如鸥。
径云停晓停云径，楼月明空明月楼。
话久忘机忘久话，游仙枕上枕仙游。

其二

瓜种新收新种瓜，家园灌艺灌园家。

鸟鸣惊梦惊鸣鸟，花放催诗催放花。

月抱荷香荷抱月，霞笼竹影竹笼霞。

景幽深得深幽景，茶焙初尝初焙茶。

6. 梅花形诗

一

江练初澄霞散彩，彩虹遥挂影涵江。

窗间影挂遥峰雨，雨带风声入纸窗。

二

天外帆回风带雨，雨余江阔水连天。

悬知水阔江流直，直上湖心看月悬。

三

流光作色秋成彩，彩散霞红淡欲流。

游冶马嘶湖上直，直将秋色作春游。

7. 十字图诗

七言：

才秀成君教学开，开学教君有路来，

来路有君通达我，我达通君成秀才。

五言：

才子读书来，来到百花开。

开学如选我，我做状元才。

8. 敦煌十字图诗

天阴逢白雨，寒露结为霜。

日照仁卿相，雨开辟文王。

此十字图形诗中心的“霜”字乃是全诗的破读关键，拆开为“雨”“相”，合为“霜”，由此带动全诗的推进。

9. 数字会意诗

一龙二虎镇三山，三清四水会八仙。

五湖四海为朋友，九走江河到四川。

10. 花心诗

山山出花果，不见觅花开。

西女要花戴，合手拿花来。

11. 拆字连环贯通回文诗

读法一

从“花”字始，顺时针读，至“飞”字止。

花开近翠微，槁荻露滩矾。

沙平接阔野，麻乱聚萤飞。

从“飞”字始，逆时针读，至“花”字止，是上一首的回文。

飞萤聚乱麻，野阔接平沙。

矾滩露荻槁，微翠近开花。

读法二

将“花”“麻”“沙”“槁”离合，藏头拆字连环，从“花”字逆时针读，再回读，可得七言绝句两首。

草化飞萤聚乱麻，广林野阔接平沙。

少水矶滩露荻槁，木高微翠近开花。

草化开近翠微槁，木高荻露滩矶沙。

少水平接阔野麻，广林乱聚萤飞花。

12. 宝塔诗

山中山路转山崖，山客山僧山里来，

山客看山山景好，山桃山杏满山开。

13. 矩式回文诗

以“翠”为首字为例。

翠烟湖上亭，亭幽在隐意。

意解自鸥汀，汀石绣苔翠。

回读为：

翠苔绣石汀，汀鸥自解意。

意隐在幽亭，亭上湖烟翠。

14. 单字双叠诗

野鸟啼，野鸟啼时时有思。有思春气桃花发，春气桃花发满枝。满枝莺雀相呼唤，莺雀相呼唤岩畔。岩畔花红似锦屏，花红似锦屏堪看……

15. 汉字接龙（1）

C。题干中两组汉字的笔画数均是依次为：2、4、6，因此，选择笔画数为6的“式”字。

16. 汉字接龙（2）

D。第一组图中“口”的数量依次是：1、2、3，第二组图中“口”的数量依次应为：2、3、4，因此答案为D，“澡”字中“口”的数量为3。

17. 汉字接龙（3）

D。这道题目考查每个汉字图形的组成部分，题干中第一行图形的组成部分数（即可拆分为不牵连的部分数）均为一，第二行图形的组成部分数均为二，第三行前两个字的组成部分数均为三，所以应选择D，可以被拆分为不牵连的三部分。

18. 汉字接龙（4）

A。题干中汉字的笔画数分别为：2、3、4、5，因此，下一个汉字的笔画数应为6，即选择A项。

19. 找出对应项（1）

B。阅读是一种技能，焊接是一门技术。

20. 找出对应项（2）

B。紫外线是阳光的一部分，海水中含有氯化钠。

21. 成语填空 (1)

								醉
		单	刀	直	入			生
				捣		处		梦
		不	到	黄	河	心	不	死
柳		卑		龙		积		
暗	室	不	欺		顾	虑	重	重
花		亢						蹈
明								覆
								辙

22. 成语填空 (2)

				兵	不	厌	诈	
					识			
此	一	时	彼	一	时			
地					务			
无	风	不	起	浪				
银								
三	朝	元	老		当	头	棒	喝
百			当		机			
两			益		立			
			壮	士	断	腕		

答案

23. 成语填空 (3)

	心	腹	之	患					
				得	寸	进	尺		
	嗤			患					
差	之	毫	厘	失	之	千	里		
	以					疮		吃	
	鼻		乱			百	步	穿	杨
			七	疮	八	孔		用	
			八					度	
			糟						

24. 成语填空 (4)

今	朝	有	酒	今	朝	醉			
		地		非		翁			
		放		昔		之			
		矢		比		意	气	风	发
						不			扬
		乐		如	箭	在	弦		光
		山		痴		酒			大
		爱	财	如	命				
		水		醉					

25. 成语填空 (5)

			别			巴			
			开	门	见	山			
自	力	更	生			蜀			
	透		面			水	滴	石	穿
	纸			屡					针
	背	水	一	战					引
				屡					线
成	也	萧	何	败	也	萧	何		

26. 成语填空 (6)

百	闻	不	如	一	见		岿		
	鸡					黯	然	销	魂
	起	承	转	合			不		
	舞		悲		兴	师	动	众	
		好	为	人	师				
			喜		问				
					罪	恶	昭	彰	

27. 成语填空 (7)

					迫			
身	在	曹	营	心	在	汉		
	此				眉			
举	一	反	三		睫		才	
	举		番				貌	
		一	五	一	十		双	
			次		全	心	全	意
					十			
					美	轮	美	奂

28. 成语填空 (8)

小	不	忍	则	乱	大	谋	
国					彻		
寡				好	大	喜	功
民	生	凋	敝		悟		高
			帚				震
	不	攻	自	破			主
	学		珍				
	无						
心	术	不	正				

29. 成语填空 (9)

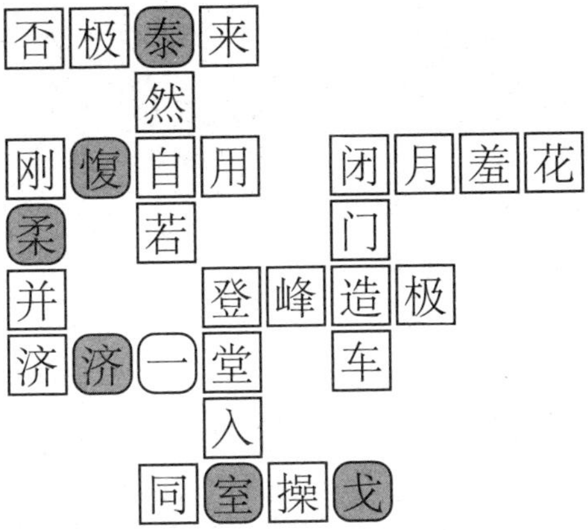

30. 成语填空 (10)

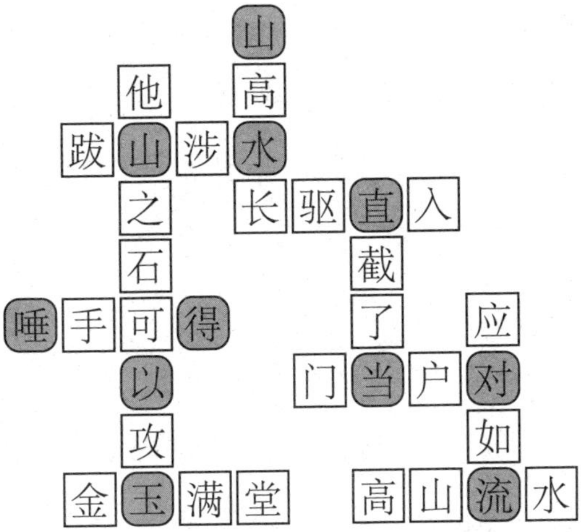

31. 诗词拼拼 (1)

一去二三里，烟村四五家。
亭台六七座，八九十枝花。

32. 诗词拼拼 (2)

远看山有色，近听水无声。
春去花还在，人来鸟不惊。

33. 诗词拼拼 (3)

相见时难别亦难，东风无力百花残。
春蚕到死丝方尽，蜡炬成灰泪始干。
晓镜但愁云鬓改，夜吟应觉月光寒。
蓬山此去无多路，青鸟殷勤为探看。

34. 诗词拼拼 (4)

云母屏风烛影深，长河渐落晓星沉。
嫦娥应悔偷灵药，碧海青天夜夜心。

35. 填字游戏（1）

	1	2	3	4	5	6	7	8	9	10
A	但				孔	雀	东	南	飞	
B	愿						方			
C	人	面	桃	花	相	映	红			
D	长			季						
E	久			雨	后	春	笋			不
F				季					三	毛
G	旧	金	山						侠	
H			西	安	事	变			五	
I						形	式	主	义	
J						虫		流		

36. 填字游戏（2）

	1	2	3	4	5	6	7	8	9	10
A					不					
B			木	兰	辞					
C		中			长	生	不	老		
D		山			作					
E		大	兴	安	岭					斗
F	留	学			南					转
G	得		机		人		人	造	卫	星
H	青		不				之			移
I	山		可	怜	九	月	初	三	夜	
J	在		失					国		

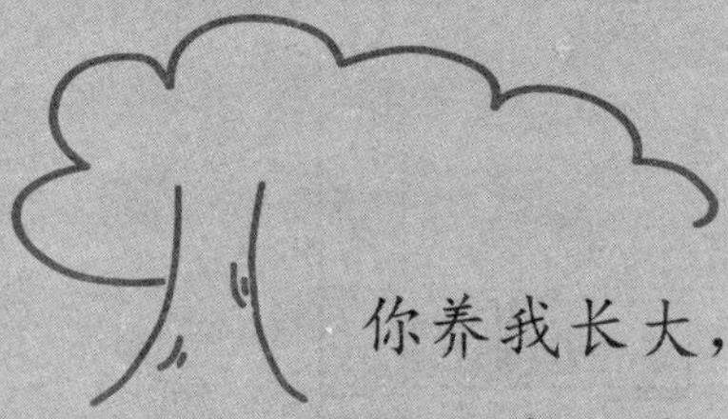

你养我长大，我陪你变老。

不要为了省钱而委屈自己。

天冷了，我穿秋裤了，你也记得添衣。

第二章

图形游戏

1. 七巧板的难题

下面这两个图形都是由七巧板拼成的，只是左边的那个图形比右边的多出一块来，这么看似乎是不合理的，不过它们确实是由同一组七巧板拼成的，你能做到吗？

【帮您一把】：把家里小朋友的七巧板玩具拿出来试试吧。

2. 钥匙和房间

小明有两个兄弟，他们三兄弟分别住在三个互不相通的房间，每个房间门的锁上都有两把钥匙。

请问：如何安排房间的钥匙才能保证小明三兄弟随时都能进入每个房间？

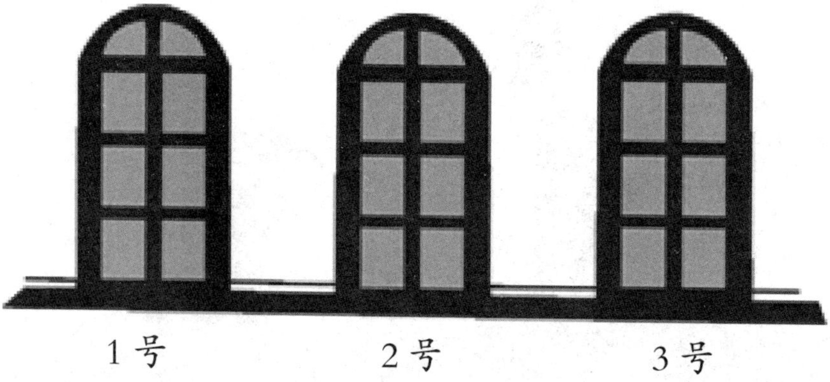

【帮您一把】：自己家的钥匙放别人家，别人家的钥匙放自己家。

3. 木棍构图

如图所示，用八根木棍组成两个正方形，其中一个正方形的边长为 8 厘米；另一个正方形的边长为 4 厘米。现在要求打乱这个正方形，重新用八根木棍正好构成三个面积相等的正方形。

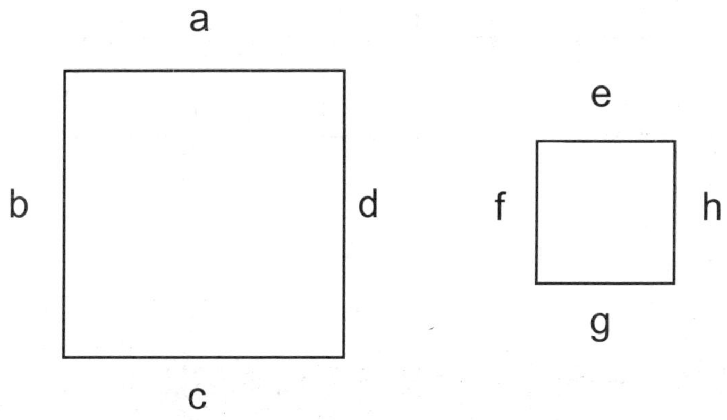

问：应该怎么摆放？

【帮您一把】：四根长木棍和四根短木棍长度比为 2∶1。

4. 改错

5+5 怎么会等于 5 呢？知错就要改。移动其中的三根火柴，就能将它改正确。你不妨试试看？

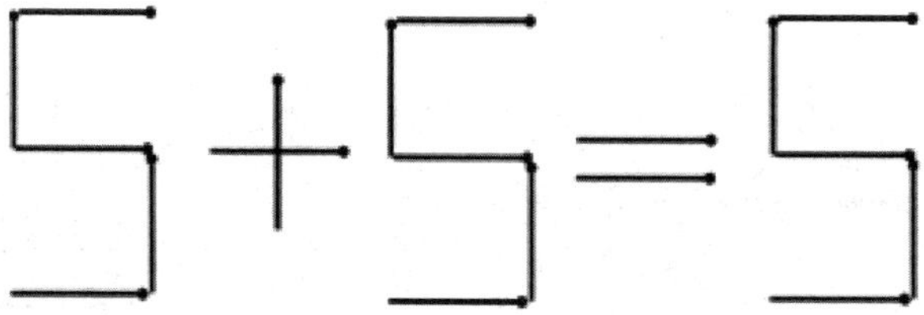

【帮您一把】：运算符号也要变换。

5. 不同形状的立方体

每一种物体从不同的角度都呈现不同的形状。图中的 10 个由立方体组成的形状中，3 种形状出现了 2 次，1 种形状出现了 3 次，1 种形状出现了 1 次。你能找出这 5 种不同的形状吗？

【帮您一把】：你可能需要一些时间把它们分类。

6. 猜字游戏

下图是由 18 根火柴拼成的六个“三”，但如果在每个“三”字上添上三根火柴，它就会变成六个汉字。

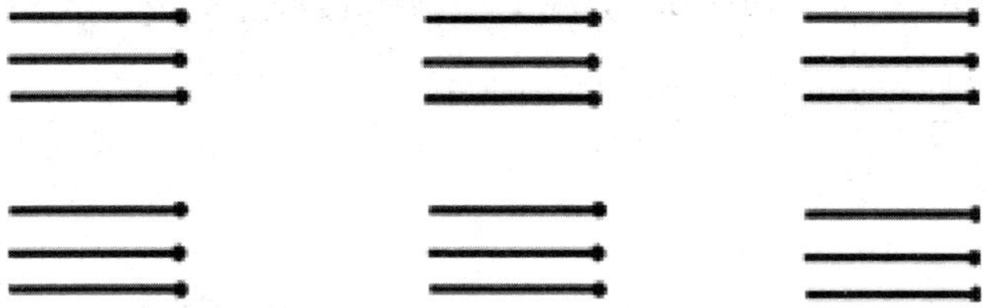

【帮您一把】：上下左右都试试。

7. 另类的图形

下面七个图形中，有一个和其他六个不同。是哪一个呢？为什么？

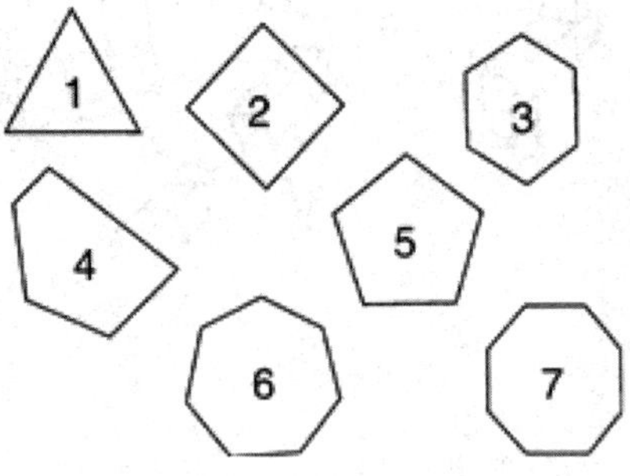

【帮您一把】：对称不对称。

8. 翻杯子

在桌子上放三个杯子，如图所示。现在的目标是要让全部三个杯子口朝上放着，要求最多只能翻三次且每次同时翻两个杯子。

现在，仍按上面的方法，让我们试一试能不能将桌子上的五个杯子全部口朝上。

【帮您一把】：你试一下就知道，这很容易的。

9. 变化的火柴

用 18 根火柴组成 9 个全等的三角形，分别拿掉 1、2、3 根，将它们依次变成 8、7、6 个全等的三角形。试试看吧。

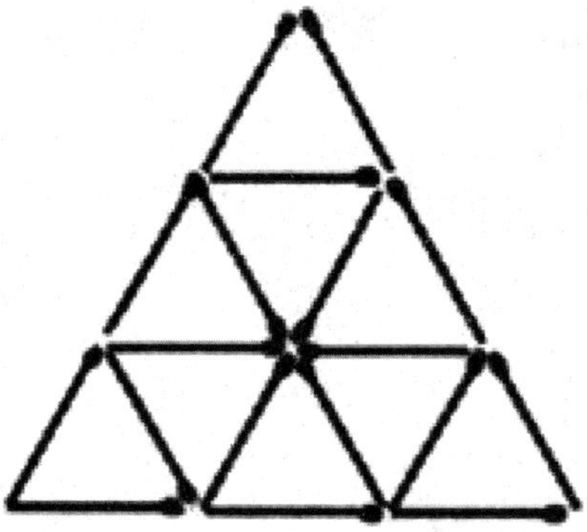

【帮您一把】：开动你的大脑，发挥你的想象，你肯定能做到！

10. 硬币组图

如图所示，用八枚硬币组成一个 L 图形。

请问如何能在只移动一枚硬币的情况下，使这个图形竖行与横行的硬币数均为五枚？

【帮您一把】：没说不允许摞在一起哦。

11. 兔子的胡萝卜

在一个表格里有几只兔子，每只兔子都有一个专属于自己的胡萝卜，这个胡萝卜有可能紧邻在兔子的四周，但不可能出现在兔子的对角位置。同时，两个胡萝卜也不能相邻。位于每行和每列的胡萝卜数目已经标示在表格旁了，到底兔子们的食物在哪里？

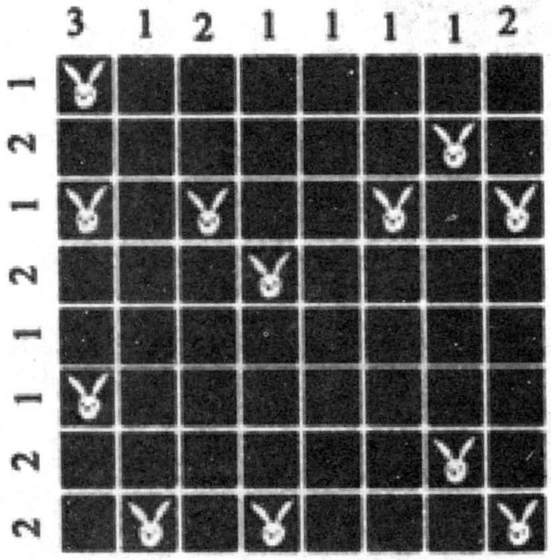

【帮您一把】：就算身旁有两个胡萝卜也只拿自己那一个。

12. 对角线的长度

按照图中给定的尺寸，看你最快能用多长时间算出从 A 角到 B 角的长方形对角线的长度？(每小格为 1 厘米)

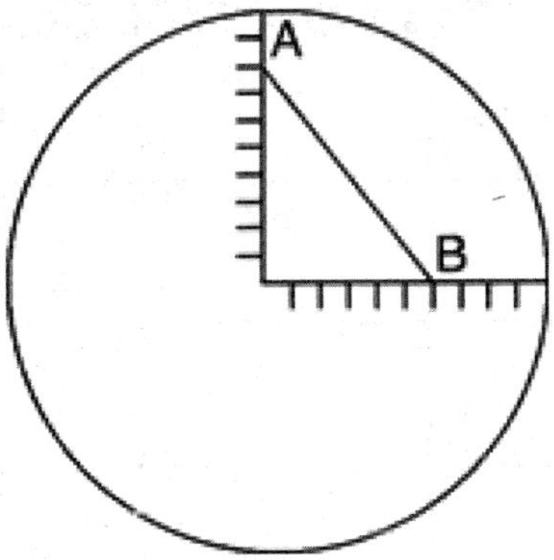

【帮您一把】：如果忘记了勾股定理，那就画图试试另一种方法。

13. 四阶魔方

将从 1 到 16 的数字填入下图中的 16 个方格内，使得每一行、每一列以及两条对角线上的和相等，且和为 34。

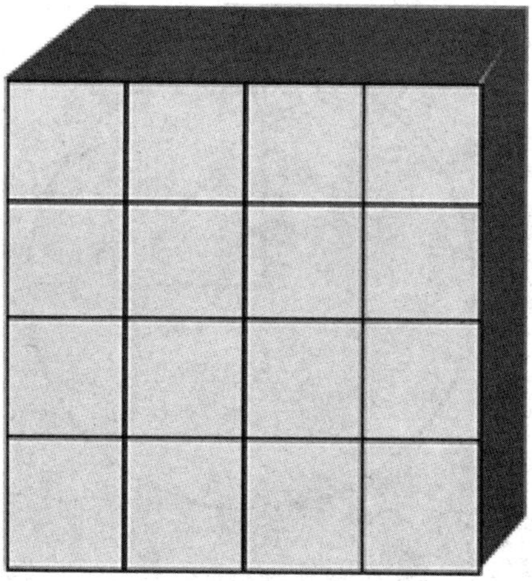

【帮您一把】：解法很多，试试看。

14. 叠放的布

有大小相同的 6 块正方形的布叠放在一起后如图所示。请问：这些布由里至外是依照什么顺序叠放的呢？选出正确的答案。

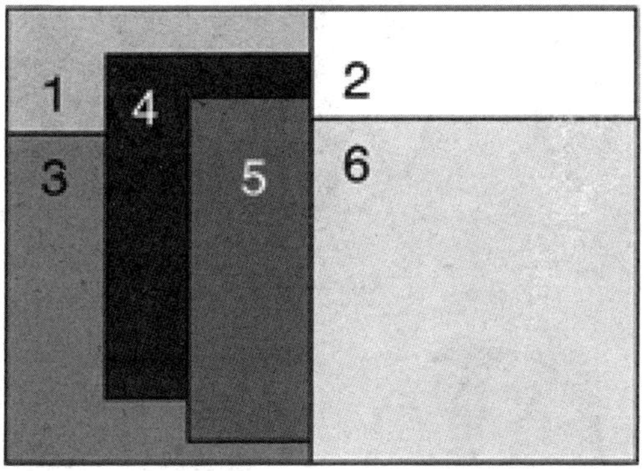

A. 3 → 1 → 5 → 4 → 2 → 6

B. 4 → 1 → 3 → 5 → 2 → 6

C. 1 → 3 → 4 → 5 → 6 → 2

D. 1 → 3 → 4 → 5 → 2 → 6

【帮您一把】：很明显 6 号在最上面。

15. 余下的是哪个

下列五个图形中，有四个图形两两对应，那么，余下的一个图形是A、B、C、D、E中的哪一个？

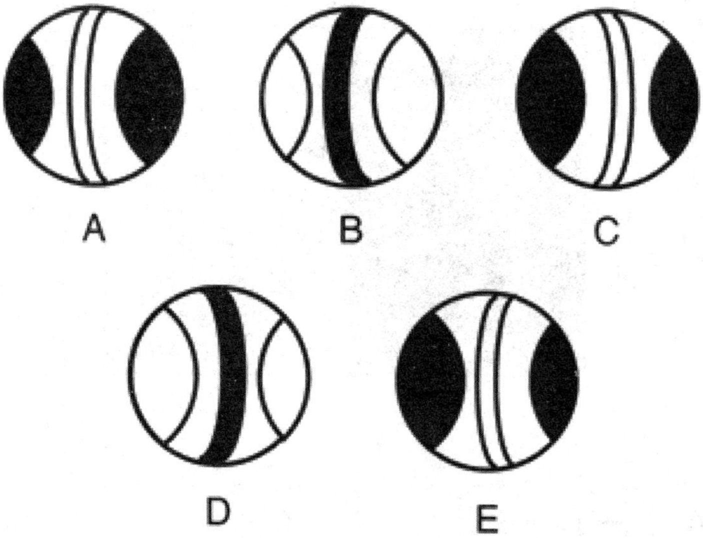

【帮您一把】：B和D相对应，观察它们之间的对应关系，找出最终答案。

16. 不同的正方形组合

请仔细观察下面的五个图，然后找出这些图形中与众不同的那一个图形。

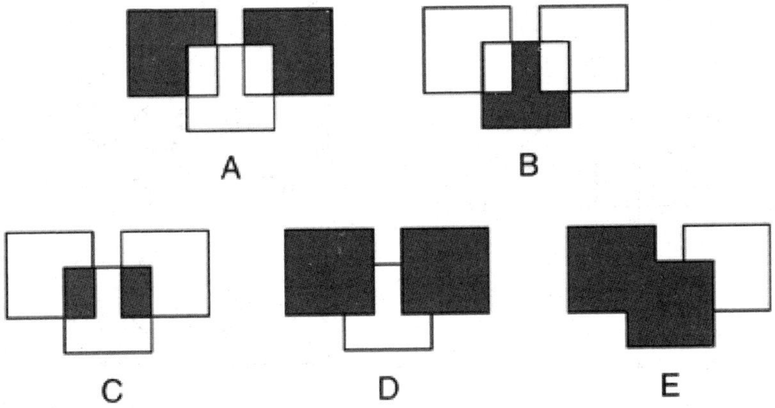

【帮您一把】：别想复杂了。

17. 找出对应纸盒

下面四个所给的选项中，哪一选项的盒子不能由左边给定的图形做成？

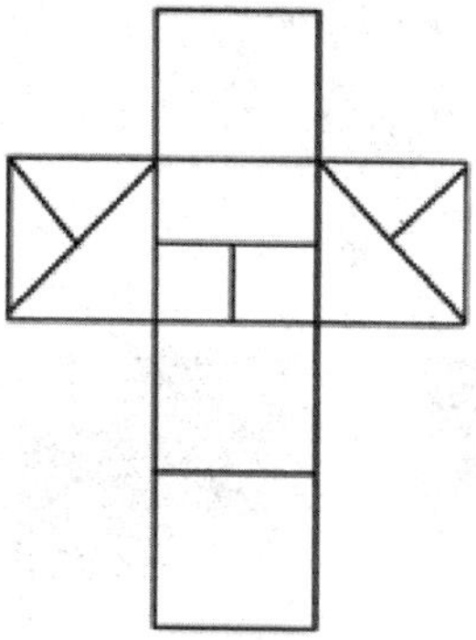

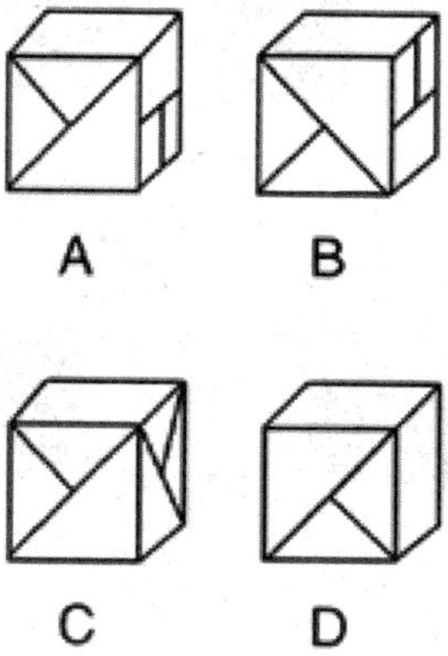

【帮您一把】：看哪两个图案不能相邻。

18. 对调铅笔

下图所示中有 6 支浅色铅笔，7 支深色铅笔。沿虚线将图形剪开，将左下方的部分与右下方的部分对调，深浅铅笔数量会怎样变动？

【帮您一把】：一定要看清楚虚线在哪里。

19. 十全十美

请你沿着图中的格子线，把圆圈中的数字两个一组地连起来。要求每组中的两个数字之和都等于10，且所有的连线不能交叉或重叠。

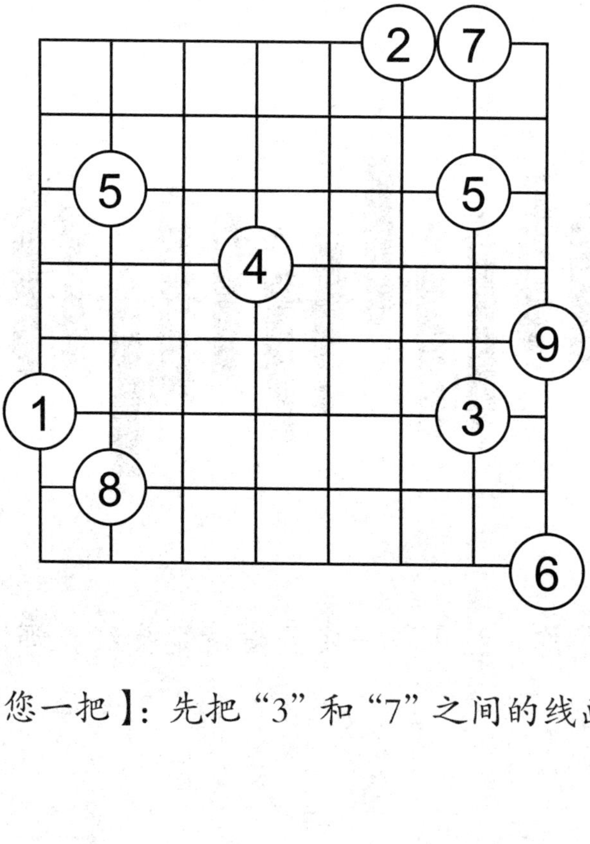

【帮您一把】：先把“3”和“7”之间的线画出来。

20. 巧分蛋糕

如图所示，4 刀可将一个圆形蛋糕笔直切成 10 片。有没有可能再多切出 1 片，将蛋糕切成 11 片？

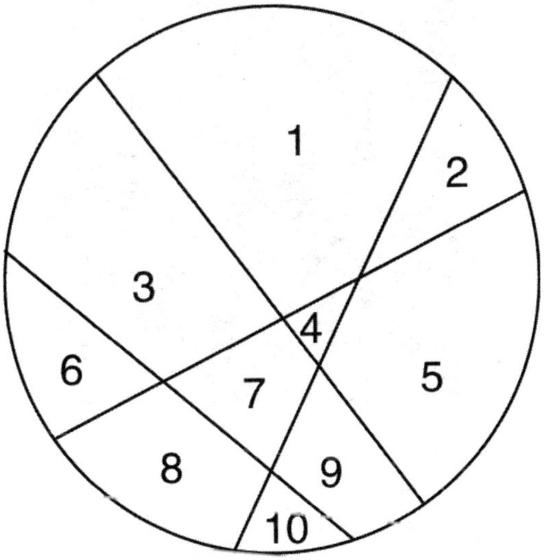

【帮您一把】：只要调整其中一刀的走向就可以了。

21. 七巧板

你能用七巧板拼出这里只给出轮廓的6个图形吗？

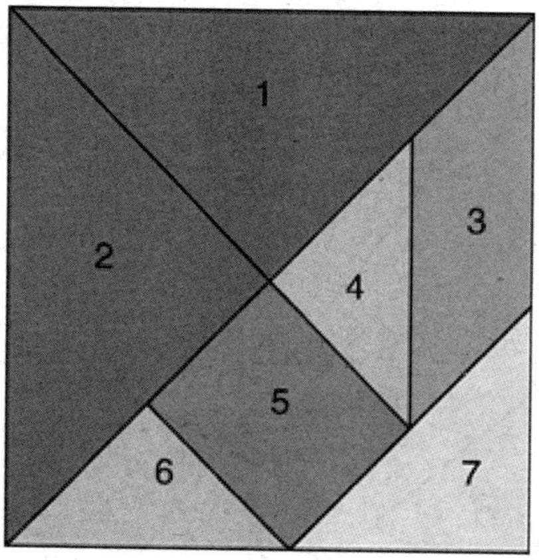

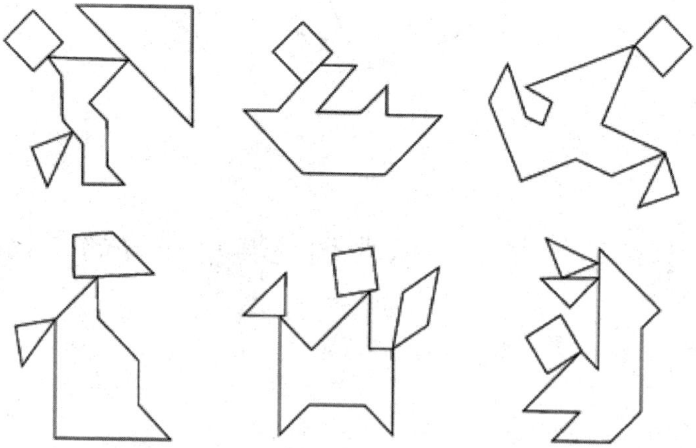

【帮您一把】：跟家里的小朋友一起试试吧。

22. 火柴游戏

如图所示中是用 12 根火柴摆成的 6 个等边三角形。移动两根火柴，使它成为 5 个等边三角形。继续移动，图形会变成 4 个等边三角形、3 个等边三角形、2 个等边三角形。三角形的大小可以不一样，但不能重复。你能做到吗？

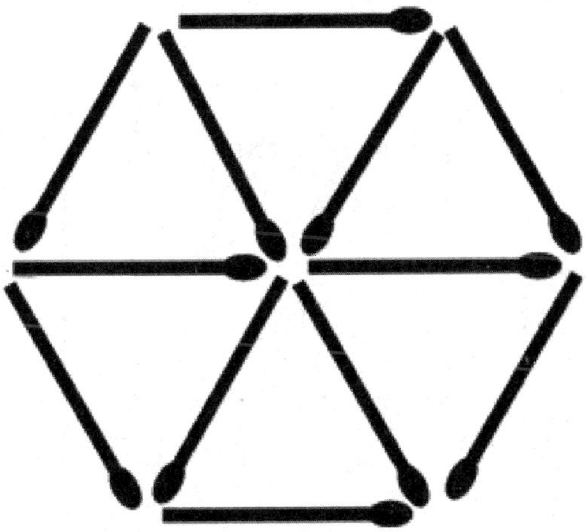

【帮您一把】：变成三个等边三角形时，三角形大小不一样。

23. 最大面积

图中的 6 个图形，哪个阴影面积最大？

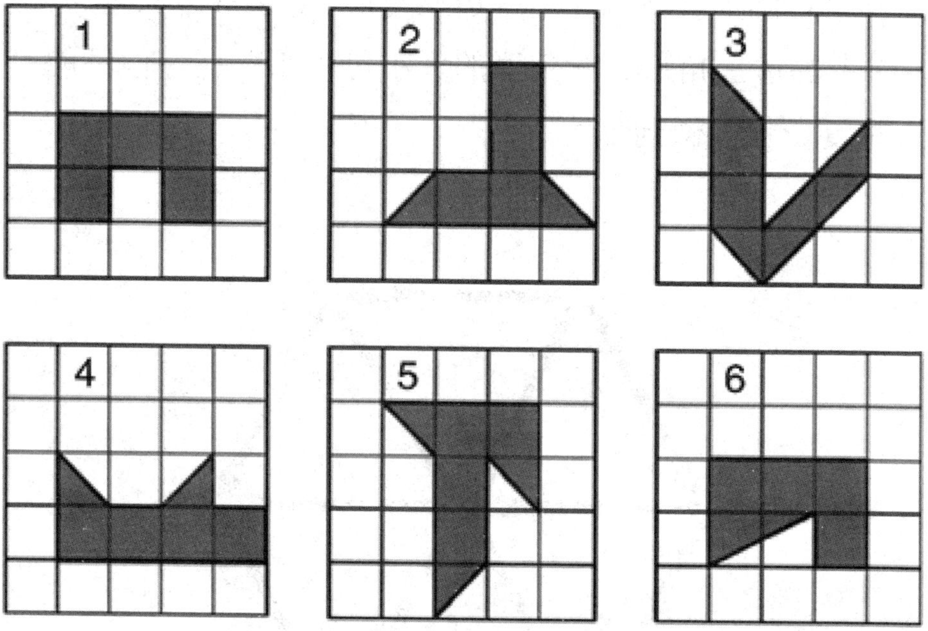

【帮您一把】：数格子。

24. 大侦探

大侦探到底遇到了什么难题？你能按照图中的线索找到答案吗？

【帮您一把】：好玩，涂颜色啦！

25. 改变楼房形状

马林和朋友小军在阳台上玩火柴游戏，他看见窗外的楼房，就用火柴摆了两个楼房的模型。小军看后对他说：“移动其中的四根火柴，就能让这个大楼房变成两个不一样大的正方形，你知道怎么移动吗？”

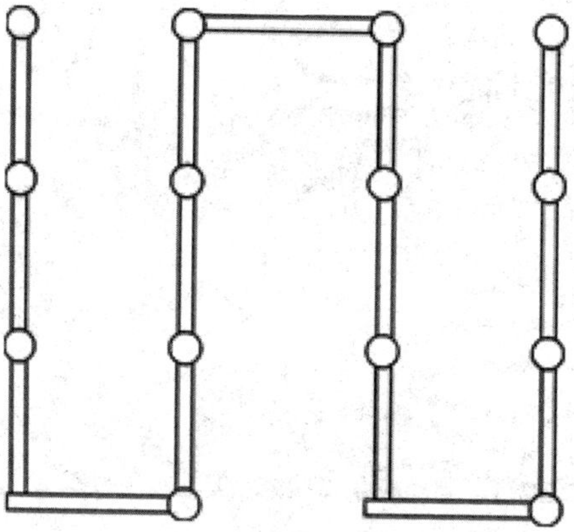

【帮您一把】：封闭起来。

图形游戏答案

1. 七巧板的难题

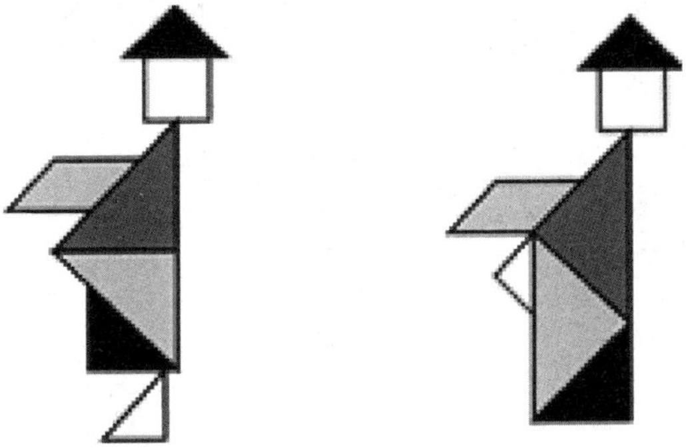

2. 钥匙和房间

小明三兄弟分别拿一个房间的钥匙，再把剩下的钥匙这样安排：1 号房内挂 2 号房的钥匙，2 号房内挂 3 号房的钥匙，3 号房内挂 1 号房的钥匙。这样，无论谁先到家，都能凭着自己掌握的一把钥匙进入三个房间。

3. 木棍构图

如图所示。将 a、b、c、d 四个木棍交叉。

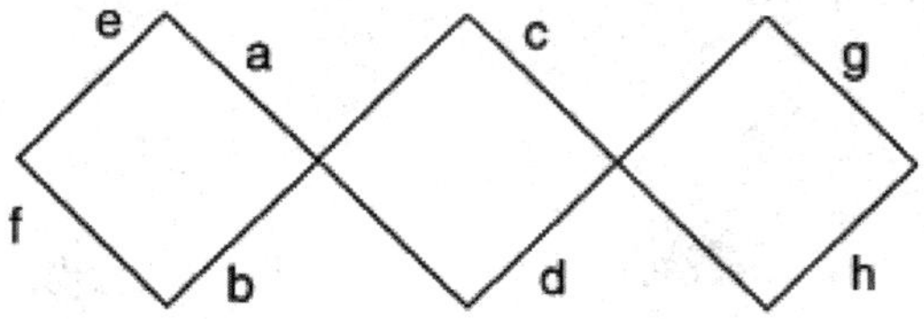

4. 改错

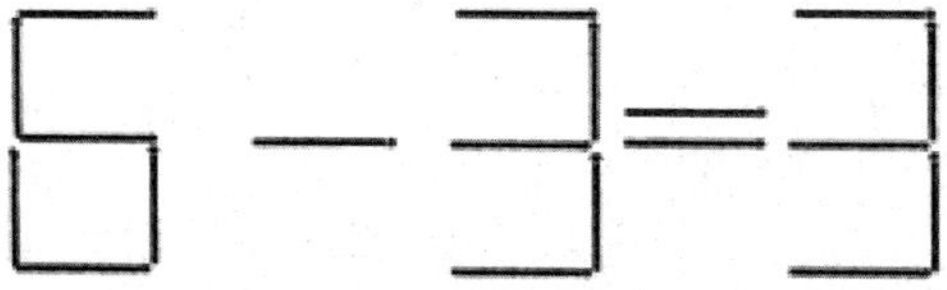

5. 不同形状的立方体

出现两次的是 1-8、4-10 和 5-7；出现三次的是 2-3-9；6 出现一次。

6. 猜字游戏

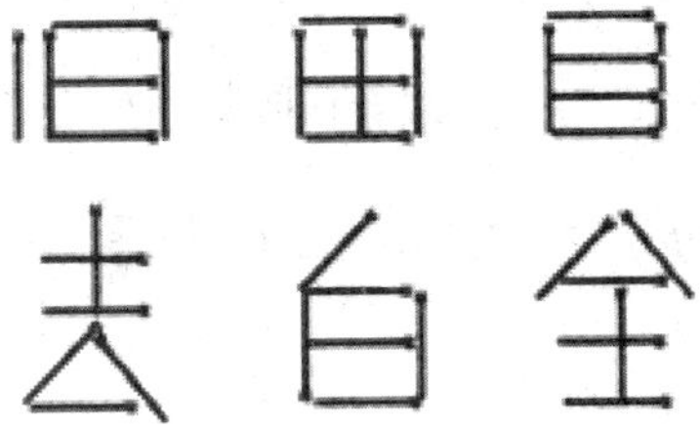

7. 另类的图形

标号为4的图形是唯一一个不是正多边形的图形:其边和角不都相同。

8. 翻杯子

无论怎么试都做不到全部杯子口朝上。

9. 变化的火柴

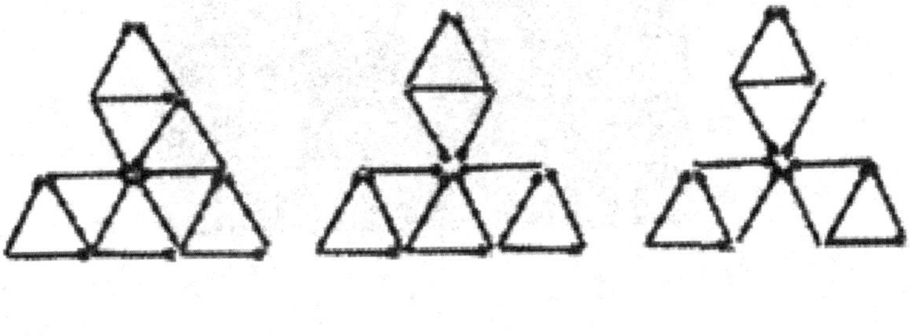

10. 硬币组图

将L图形竖行最上端的那枚硬币移放到L图形竖行与横行交点的那枚硬币上（用黑点表示），即可达到要求。

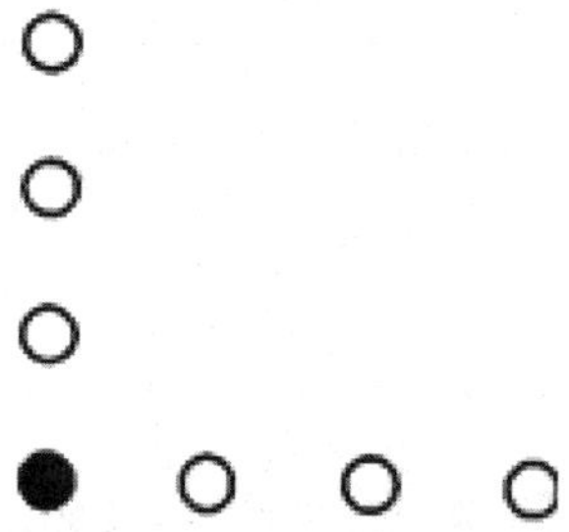

11. 兔子的胡萝卜

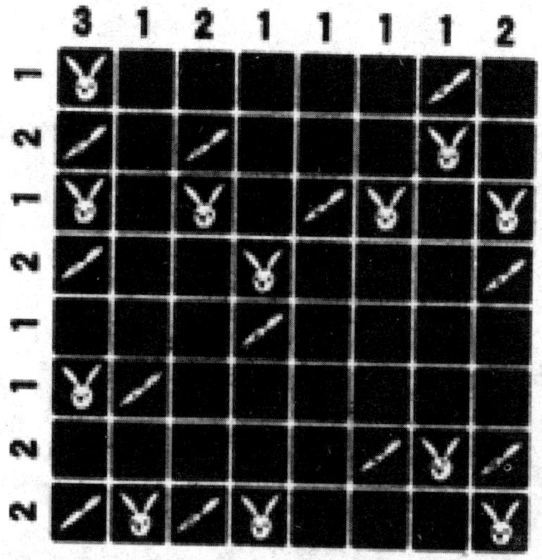

12. 对角线的长度

画出长方形的另一条对角线，你立即会看出它是圆的半径。长方形的两条对角线总是相等的，因此从A角到B角的对角线长度等于圆的半径，为10厘米。

13. 四阶魔方

解法很多，图示一种。

16	5	2	11
3	10	13	8
9	4	7	14
6	15	12	1

14. 叠放的布

正确的顺序是D，即1→3→4→5→2→6。

15. 余下的是哪个

E。A是C的映像，B是D的映像，剩下的是E。

16. 不同的正方形组合

E。这五个图形中只有它左右颜色不对称。

17. 找出对应纸盒

C。由左边图形可以看到，带对角线的两个面是相对面，不可能相邻，因此C项不符合要求。

18. 对调铅笔

如图所示，对调后，深浅色铅笔数量有所变动，变成7支浅色铅笔，6支深色铅笔了。

19. 十全十美

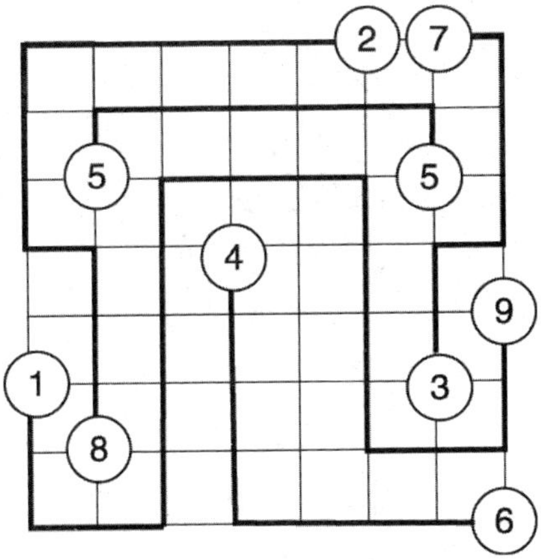

20. 巧分蛋糕

如图可切出 11 片。

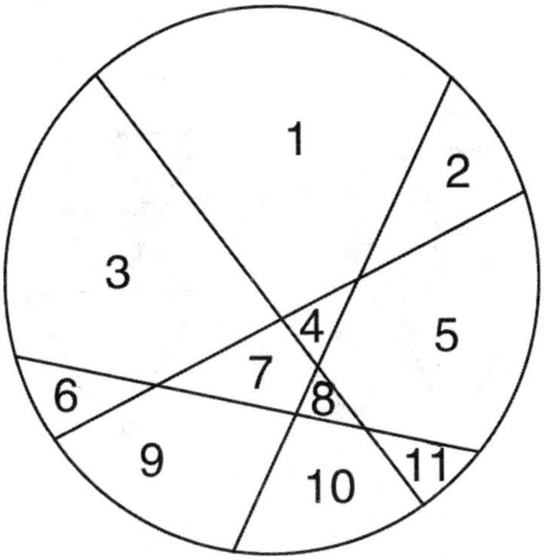

21. 七巧板

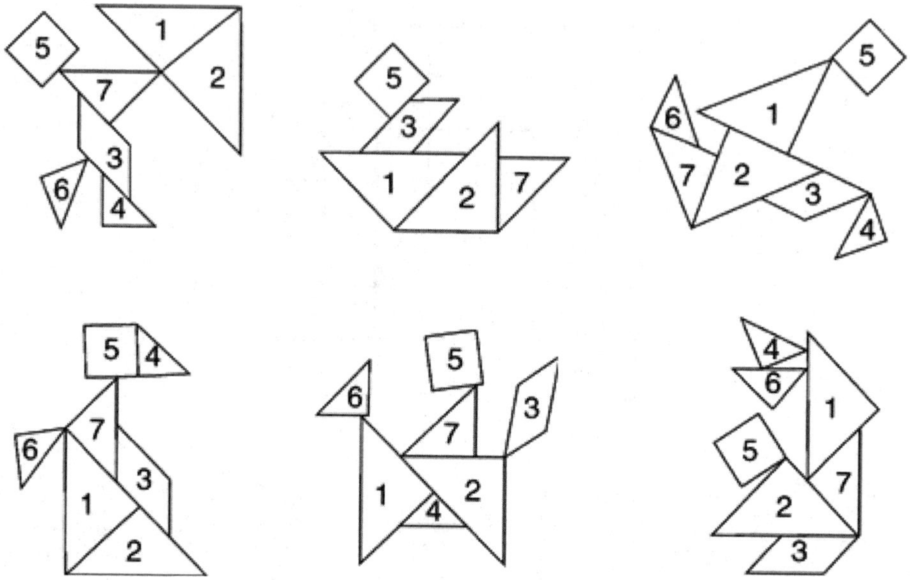

22. 火柴游戏

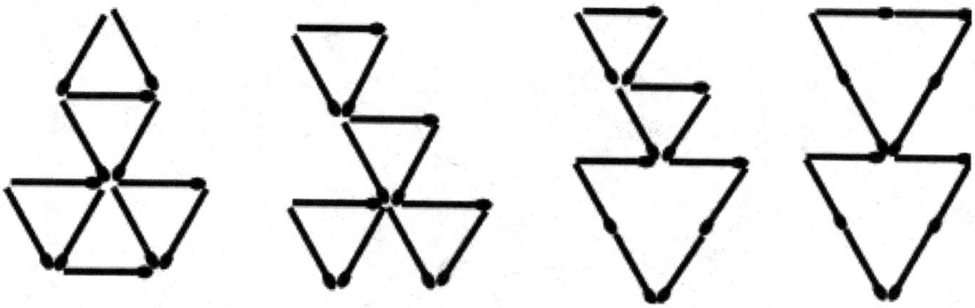

23. 最大面积

图形 5 的面积大。其余的面积相等，都占 5 个格的面积。

24. 大侦探

你只要把图中带点的碎片涂上颜色就可以知道了。

25. 改变楼房形状

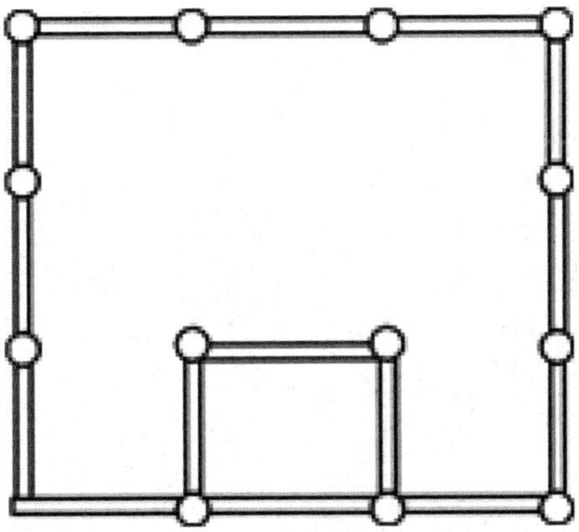

随时可以给我打电话。

过节放假，我一定回家。

请紧紧握住我的手，我陪你慢慢地走。

第三章

发散思维游戏

1.“百担榆柴”

师父让他的两个徒弟每人一天拾回“百担榆柴”。

第二天，大徒弟一大早就扛起扁担，拿着斧头上山去了。二徒弟却从从容容地吃了早饭，背了些书，在山上找了个僻静地方读起来。大徒弟想：我身强力壮，师弟一定不是我的对手。他拼命劳作，到天黑才砍了 99 担榆柴。二徒弟直到天色晚了，才收拾起书，砍了一根粗柏树枝做扁担，又砍了两捆榆枝，挑着下山了。可师父却夸奖了只砍了一担柴的二徒弟，这是为什么？

【帮您一把】：想想同音字。

2. 分苹果

幼儿园招考教师时，有这么一道考题：“幼儿园收到一位叔叔送来的五个苹果，可小朋友却有六个。这苹果怎么分？”有个考生回答说：“把每个苹果都切成六份，每个小朋友分五份就行了。”主考官说：

“这道题还有个要求，不能把苹果切成三份以上，所以你未答对。但允许你再考虑一分钟。”考生沉思了片刻，终于答对了。

你知道第二次考生是怎么分的吗？

【帮您一把】：可将苹果切成不同的份数。

3. 不翼而飞的 100 元

一天，三位好友一起到外地旅游，晚上住在当地的一家旅馆里。三个人各拿出 1000 元付住宿费。后来老板知道他们三个人是自己的同乡，就只收了 2500 元的住宿费，于是叫服务生把 500 元拿去退给他们。但服务生一时起贪念，从中拿走了 200 元，只退给三个人 300 元，每个人得 100 元。但是，1000-100=900，表示每个人实际上只出了 900 元。然而，900×3=2700，表示三个人凑了 2700 元的房租。但是，2700+200=2900（元）。请问，还有 100 元到哪里去了？

【帮您一把】：不要被偷换命题迷惑住了哦。

4. 熊的颜色

有一只小熊，它从北极点出发，往南走了 100 米，又往东走了 100 米，然后又往北走了 100 米，回到了起点。那么你知道这只行走的小熊是什么颜色的吗？

【帮您一把】：在北极生活的是什么熊？

5. 没法分的马

从前，有一个老汉，临终前对三个儿子说："咱们家有 17 匹马，我死后，老大分 1/2，老二分 1/3，老三分 1/9，但都必须分得活马。"老汉去世了，兄弟三人安葬了父亲，来到马圈，按老人的遗嘱分马，可是怎么分也分不开，兄弟三个谁也没有办法。

正在这时，一个邻居骑马路过这里，看到他们愁眉苦脸的样子，便上前问道："兄弟仨这般发愁，为了何事？"三兄弟把父亲的临终嘱咐和分马的难处告诉了他。这个邻居略一沉思，就想出了一个分马的好办法。

邻居的办法果然很好，三兄弟按老人的嘱咐分得了各自应得的马。你知道邻居是用什么办法把马分开的？

【帮您一把】：实在没办法的话，要不先跟邻居借几匹。

6. 切七环金链

有一条金链由七个环组成。现要求你一周领一个金环，切割费用自付。你如何切才会让自己每周都能领到一个金环且花费最小？

【帮您一把】：得到的金环总数对就可以了。

7. 两人过河

有两个人想过同一条河，但河上没有桥，只在河边发现了一条一次仅能载一个人的小船。两人打了一声招呼后就高兴地过河了。请问他们是怎样过河的？

【帮您一把】：两个人不同路。

8. 并排在起跑线上

赛马场的跑马道600米长，现有甲、乙、丙3匹马，甲马1分钟跑2圈，乙马1分钟跑3圈，丙马1分钟跑4圈。如果这3匹马并排在起跑线上，同时往一个方向跑。经过几分钟后，这3匹马自出发后第一次并排在起跑线上？

【帮您一把】：之后它们也会总是并排在起跑线上。

9. 母鸡下蛋

一只母鸡想使每横、竖和斜线中的鸡蛋不超过两个，它最多能在蛋格子里下几个蛋？你能在表格中标注出来吗？图中有两个鸡蛋已下好了，因而不能再在这条对角线上下蛋了。

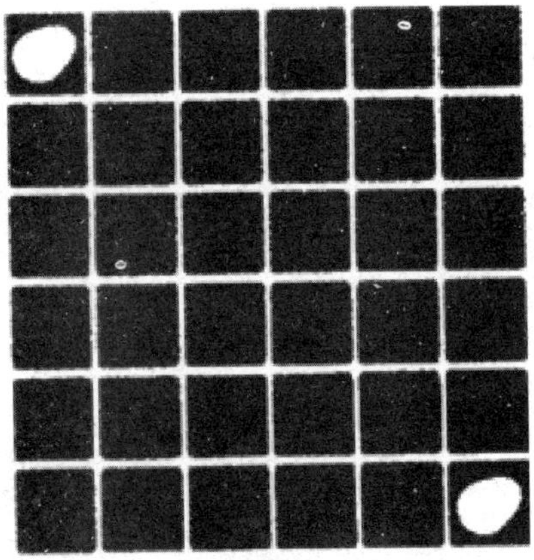

【帮您一把】：最多 12 个蛋，试试吧。

10. 木塞子的设计

如图所示，每块木板上都有三个不同形状的洞。现在要求设计两个木塞子，第一个木塞子能够分别塞住左面木板上的三个洞，第二个木塞子分别塞住右面木板上的三个洞。应该怎样设计这两个木塞子？

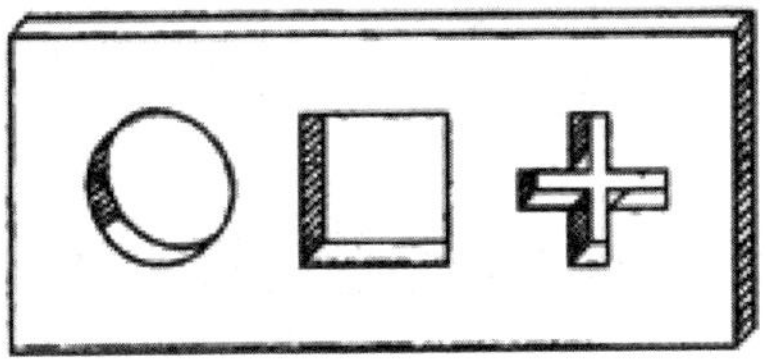

图1

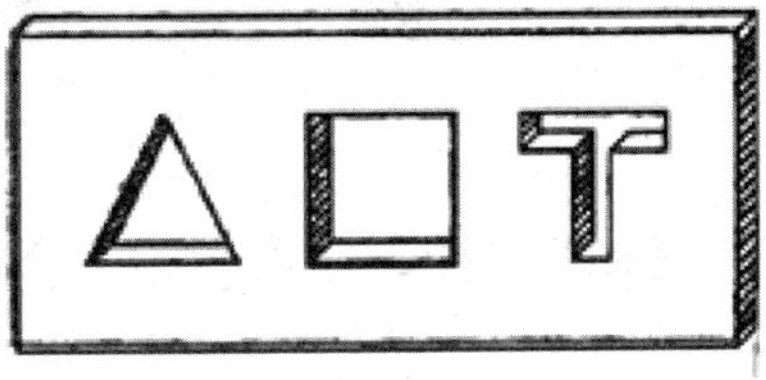

图2

【帮您一把】：运用立体思维，想想同一物体的三视图。

11. 九点连线

如图所示，有九个圆点。

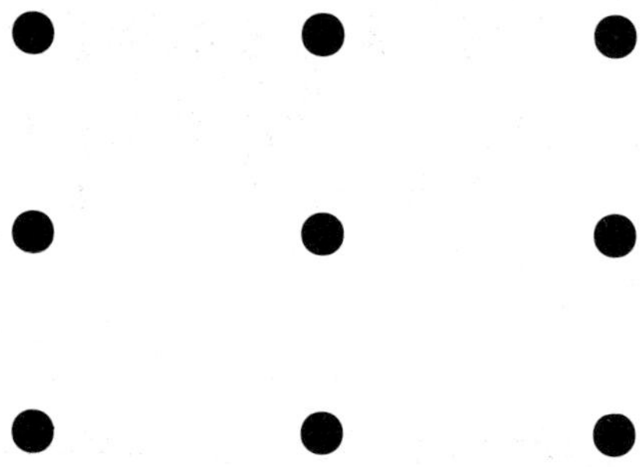

你能用四条直线一笔将这九个圆点连接起来吗？

【帮您一把】：也许可以用它来当手机的手势密码。

12. 找袜子

有两位盲人，他们都各自买了两对黑袜和两对白袜，八对袜子的布质、大小完全相同，而每对袜子都由一张商标纸连着。两位盲人不小心将八对袜子混在一起，他们能取回黑袜和白袜各两对吗？

【帮您一把】：袜子可以不分左右的。

13. 地毯的长度

有一个人，想装修刚刚建成的房子，但是他必须在装修之前购买好装修必备的材料。

在所有的材料都购买齐全之后，他突然想到应该在一楼与二楼之间的楼梯上铺一条地毯，但是现在楼梯尚未安装，阶梯的数量、高度和宽度，他还不知道，在这样的情况下，请问，他能把所需要的地毯的长度和宽度计算出来吗？

【帮您一把】：画个图就一目了然了。

14. 寻找戒指

当你把九个外形完全相同、重量完全相等的包裹都封好口后，发现你的一只戒指掉在其中一只包裹里了。而你不想把所有的包裹都打开。只称两次，你能确定戒指在哪只包裹里吗？

【帮您一把】：三个一组，称称看。

15. 分蛋糕

蛋糕房里的店员一天收到了一份奇怪的订货单：做 9 块蛋糕，装在 4 个盒子里，每个盒子里至少要装 3 块蛋糕。这可难倒了店员，但最终他还是给了顾客满意的答复。你知道他是怎么做的吗？

【帮您一把】：盒子有大有小。

16. 卡片组数

在桌子上并排放有三张数字卡片组成三位数字 216。如果把这三张卡片的方位变换一下，则组成了另一个三位数，这个三位数恰好用43除尽。是什么数，怎样变换？

【帮您一把】：卡片上“6”与“9”容易分不清楚。

17. 奇特的经历

某人有过这样一次经历：他乘坐的船驶到海上后就慢慢地沉下去了，但是，船上的所有乘客都很镇静，既没有人去穿救生衣，也没有人跳海出逃，却眼睁睁地看着这条船全部沉没。这是为什么？

【帮您一把】：你可能也当过这样镇静的乘客。

18. 小狗多多

小狗多多被一根 1 米长的绳子拴在一棵树上。它想到它的狗食盆那儿去，盆子离它 1.5 米远。于是，多多跑去并开始吃起来。绳子没有断，树也没有弯。

那么，多多是怎么做到的呢？

【帮您一把】：多多没有在树根儿底下。

19. 多余的第四个

有四组物品：

（1）苹果、梨、西红柿、橘子；

（2）刮脸刀、剪刀、铅笔、铅笔刀；

（3）斧子、钉子、电锯、电钻；

（4）小号、小提琴、大号、萨克斯管。

请问在这四组物品的每一组中，有无“多余的”第四个？为什么？

【帮您一把】：每组都有“多余的”。

20. 聪明的司机

一位司机驾驶着小轿车会见朋友，半路上忽然有一个轮胎爆了。当他把轮胎上的四个螺丝拆下来，从后备厢里把备用轮胎拿出来时，不小心把四个螺丝踢进了下水道。但聪明的他依然把车子开了出去。你知道他是怎么做的吗？

【帮您一把】：非要用四个螺丝吗？

21. 壶中酒

有首诗这样描绘被称为“诗仙”“酒仙”的李白一次饮酒赏花的情景。

李白无事街上走，提壶去买酒。

遇店加一倍，见花喝一斗。

三遇店与花，喝光壶中酒。

试问，壶中原有多少酒？

怎样用一种简便的方法计算出原来壶中有多少酒？

【帮您一把】：用反向推导的方法计算。

22. 正方形的数量

老师举起一张纸，问学生上面一共有多少个正方形。他们说出了正确答案“6 个”。

老师再一次举起这张纸，问学生上面共有多少正方形。“8 个”，他们答道。这回他们又答对了。那么这张纸上到底有多少个正方形？6 个还是 8 个？

【帮您一把】：一张纸有几面。

23. 三片馒头

妈妈决定今天晚餐给女儿做她最喜欢吃的炸馒头片。馒头片要想炸得好吃就要两面都炸 30 秒，妈妈有一个一次能炸两片馒头的平底锅，这样算来炸三片馒头最少需要 2 分钟，但是她却有一种方法让女儿只等 1 分 30 秒就能吃上了美味的馒头片，你知道妈妈是怎样做到的吗？

【帮您一把】：没做好也先从锅里拿出来。

24. 给绳子打结

一根绳子用左右手各握住绳子的一端，然后手再也不可以松开绳子，这样能否将绳子结成一个扣？

【帮您一把】：这个可以练练，然后表演给大家。

25. 炸弹按钮

警察局技术科的考官在起爆器上设了四个按钮，按钮旁分别放着小刀、小圆镜、梳子和面霜。然后请考生根据这四件东西的含意去选定按钮，一次起爆成功。有一个聪明的考生仔细观察了一番，起爆成功了，你能猜出他按的是哪个按钮吗？

【帮您一把】：这四件东西中哪件能与“爆炸”有关联？

26. 问路

一队人一起出游，走到一处岔路口，由于地方生疏，加上不少松树挡住了视线，不知目的地该往哪个方向走。这时旁边有一位老大爷在砍柴，队长大哥就上前问：“老大爷，您知道到 ×× 地方该向哪个方向走吗？”老大爷说：“要女的走开。”于是，队长叫女孩走远一点。等她们走后，队长又问：“老大爷，她们已经走开了，您就说吧！”老大爷还是说：“要女的走开。”队长说：“我身边没有女的了，怎么还要女的走开呢？”老大爷不吭声，继续砍柴。队长眉头一皱，恍然大悟，带领大家朝大爷指引的方向走去。

他们是怎样走的？

【帮您一把】：“要女的走开”到底什么意思？

27. 称米

一个袋子里装有 9 千克的米。现在有一个天平和

50 克与 200 克的两个砝码，只称三次，把米分成两份，其中一份 2 千克，另一份 7 千克，并分别装在两个袋子里。请问，应该怎样做？

【帮您一把】：充分利用天平的特点。

28. 字母推理

如果 D 等同于 P，那么 L 等同于什么？是 C、M、E 还是 T？

【帮您一把】：线条的问题。

29. 鉴定古董

一位外国人到中国来，让一个考古学家帮他鉴定一个精致的古董。从外表看来，古董似乎是真的。但经考古学家仔细地考究，发现古董上刻着“公元前 12 年”，考古学家立刻断定这是一个赝品。你知道考古学家是如何鉴定出来的吗？

【帮您一把】：公元纪年是什么开始有的？

发散思维游戏答案

1. “百担榆柴”

原来师父想考考两人的才智。他说的是“柏担榆柴”，而不是“百担榆柴”。“百”与“柏”同音，大徒弟脑筋没有转过弯来。

2. 分苹果

三个苹果每个分成两份，两个苹果每个分成三份，每个小朋友各得一份。

3. 不翼而飞的 100 元

每个人确实只出了 900 元，所以 900×3=2700，也就是实际上进出的只有 2700 元，而不是 3000 元。

2700 元中，老板收了 2500 元，服务生拿走了 200 元，所以正确的算法应该是 2500+200=2700，不多不少。题目中的 2700+200 根本是子虚乌有，是偷换命题的错误算法。

4. 熊的颜色

白色。

目前，能在北极生存的熊只有北极熊，所以这只小熊无论往哪儿走都是白色的。

5. 没法分的马

邻居把自己的一匹马也加在一起分，那么老大得了九匹，老二得了六匹。老三得了两匹，正好剩下一匹。这一匹就是邻居的。

6. 切七环金链

切三处，使金环组成 1 个、2 个、4 个三组。第一周领 1 个；第二周领 2 个还回 1 个；第三周领 1 个；第四周领 4 个还 3 个；第五周 1 个；第六周领 2 个还 1 个；第七周领 1 个。

7. 两人过河

两个人分别在河的两岸，一个人乘船到对岸后再交给另一个人，对岸的人就可以乘船过河了。

8. 并排在起跑线上

1 分钟。

直接抓住本质，每分钟都会排在起跑线上，不需要另外计算。

9. 母鸡下蛋

母鸡能在格子里下 12 只蛋。

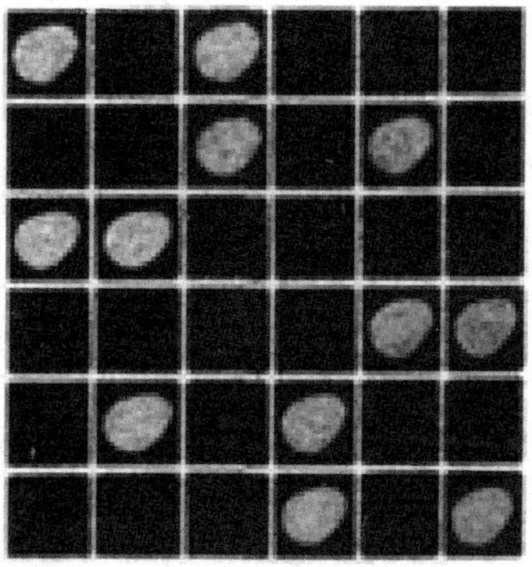

10. 木塞子的设计

如图所示。

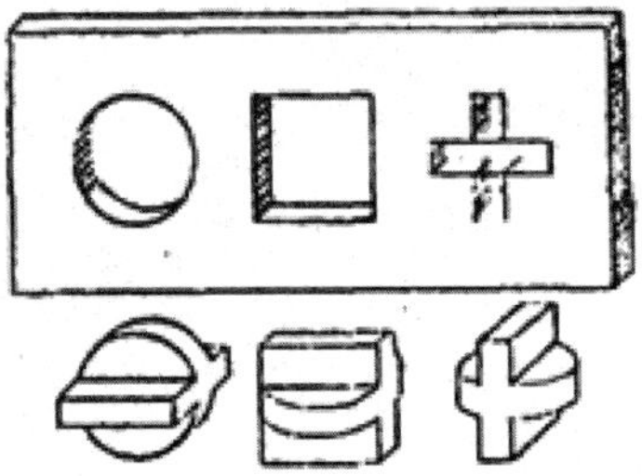

图1

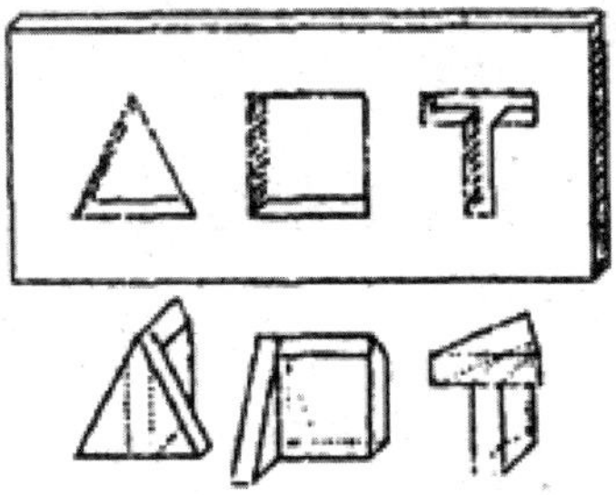

图2

11. 九点连线

最标准的答案：

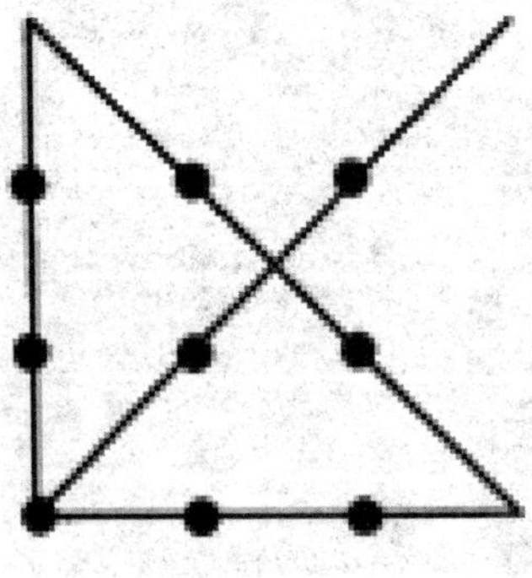

12. 找袜子

可以。

袜子不分左右，所以将袜子拆开，每双袜子各拿一只，这样他们就能取回两对黑袜和两对白袜。

13. 地毯的长度

其实，我们只需要把要与楼梯构成直角三角形的地面长度和墙壁的高度测量出来就可以了，这两者就是所需地毯的长度和宽度。

因为每个台阶的高度之和就等于墙壁的高度，台阶的宽度之和就等于地面的长度，所以说只需知道这两者就可以了。

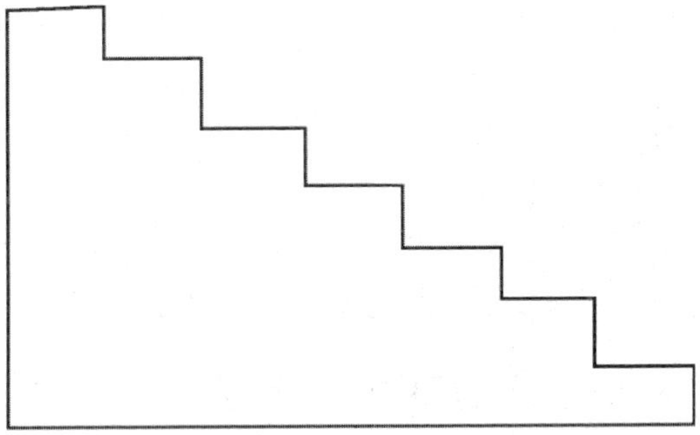

14. 寻找戒指

先把包裹分成三个一组，取其中两组称。如果秤上有一组比较重，那么戒指在这三个包裹的一个里面；如果秤上两组一样重，那么戒指在另外三个包裹的一个里面。然后，在比较重的那组中的三个包裹里取两个摆到秤上称，如果有一个比较重，那么戒指就在这个包裹里；如果两个一样重，那么戒指就在不在秤上的那个包裹里。

15. 分蛋糕

先将 9 块蛋糕分装在 3 个盒子里，每个盒子放有 3 块蛋糕，再把这 3 个盒子一起放在 1 个大盒子里，再用带子扎好。

16. 卡片组数

恰好用 43 除尽的三位数有 129、172、215……与“216”比较怎样变动可以满足要求。可将“216”中“21”左右交换为“12”，再把“6”的那张卡片上下倒置变为“9”即可变为“129”被43所除尽。

17. 奇特的经历

他们坐在潜水艇里。

18. 小狗多多

因为小狗多多被拴在一棵树上，所以它可以到达以树为中心，半径1米之内的任何一个地方。它的食盆在距离树0.5米的地方，在多多出发地的相反方向上。

19. 多余的第四个

有。分别如下所示。

第一组中，苹果、梨、橘子为水果，“多余的”第四个为西红柿，它是蔬菜。

第二组中，刮脸刀、剪刀、铅笔刀为刀具，“多余的”第四个是铅笔，它是书写工具。

第三组中，斧子、电锯、电钻是木匠工具，“多余的”第四个是钉子，为钉接物。

第四组中，小号、大号、萨克斯管为管乐器，“多余的”的第四个是小提琴，为弦乐器。

20. 聪明的司机

从其他三个轮胎上各取下一个螺丝，用三个螺丝去固定刚换下来的轮胎。这样他就可以把车子开到最近的修理厂了。

21. 壶中酒

用反向倒推的方法。壶中原有 7/8 斗酒。

22. 正方形的数量

纸上共有 14 个正方形，一面 6 个，另一面 8 个。

23. 三片馒头

妈妈先把两片馒头放进锅中，把它们的一面炸 30

秒。然后将第一片馒头翻个面，将第二片馒头取出。然后把第三片馒头放进锅中，同第一片馒头一起炸30秒，此时，第一片馒头已经炸好了，而第三片馒头也已经炸好一面了。把第一片馒头取出，并将第二片馒头未炸的一面放进锅中，同第三片馒头的另一面一起炸30秒。这样一来，只要1分30秒就能让女儿吃到香喷喷的炸馒头片了。

24. 给绳子打结

能够结成。先将两只胳膊交叉抱在胸前，然后左右手各握住绳子一端，之后伸开胳膊拉紧绳子，这样就可以打结了。

25. 炸弹按钮

按下梳子旁的按钮，因为寓意“一触即发”。

26. 问路

“要女的走开”，“要”去掉“女”，即是“西”，就是向西边走的意思。

27. 称米

第一次称：用天平将米平均分成两份，即每份 4.5 千克。第二次称：将称好的一份米在通过天平均分成两份，每份 2.25 千克。第三次称：将 200 克与 50 克的砝码叠加，然后从一份 2.25 千克的米中称出 0.25 千克，就能得到 2 千克的米，剩余的即为 7 千克。

28. 字母推理

T。字母 D 的曲线数目以及直线数目和字母 P 一样，而 T 和 L 一样。

29. 鉴定古董

考古学家就是从古董上刻着的“公元前 12 年”这几个字判断出来的。因为公元前的人是不可能用公元纪年的，更不可能在上面刻下公元纪年的准确年份。

第四章

数学游戏

1. 数字纵横

问号处应为什么数字？

3	8	7
3	5	?
9	6	5

【帮您一把】：每一列第一个数字与第三个数字经过了计算得到第二个数字。

2. 数字路口

问号处应为什么数字？

	22	
36	12	24
	10	

	7	
12	?	4
	15	

A

	31	
13	?	7
	25	

B

【帮您一把】：上下、左右数字的运算。

3. 数字十字架

问号处应为什么数字？

	5	
4	2	9
	9	

	12	
3	4	17
	8	

	20	
14	?	17
	3	

A

	15	
8	?	21
	4	

B

【帮您一把】：左 、右、上数字与下面数字的运算。

4. 数字三角形

问号处应为什么数字？

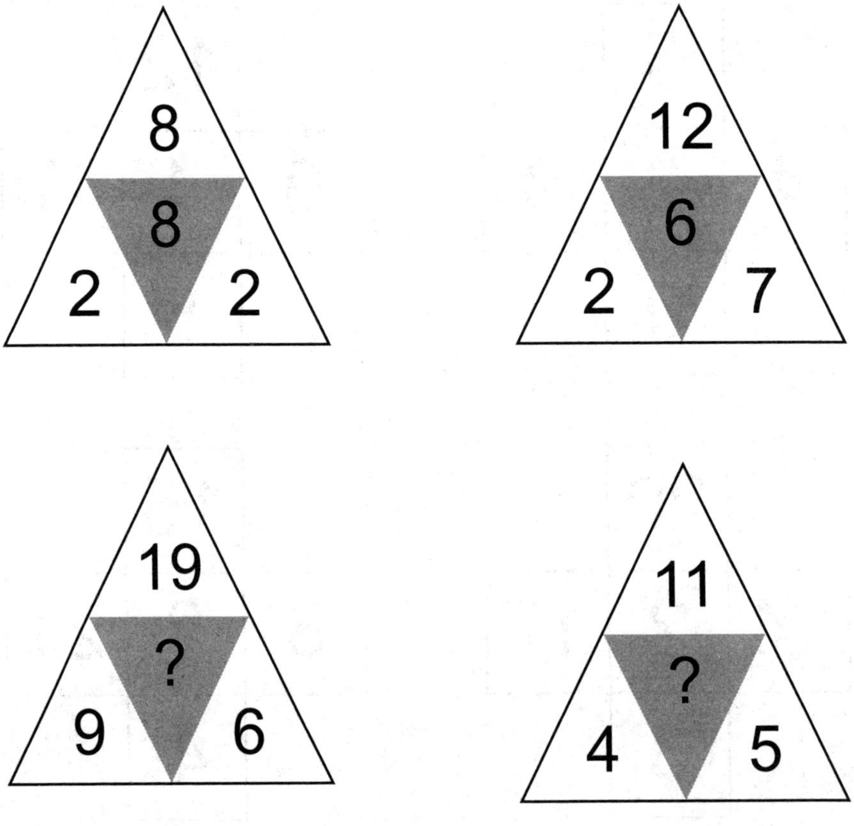

A B

【帮您一把】：可以试着借助另一个数字。

5. 数字正方形

问号处应为什么数字？

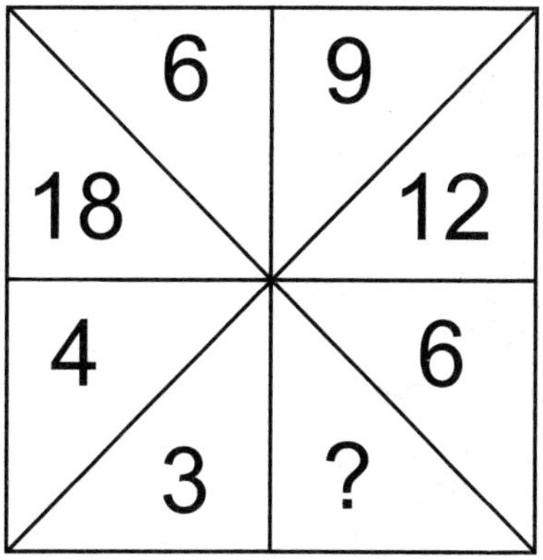

A

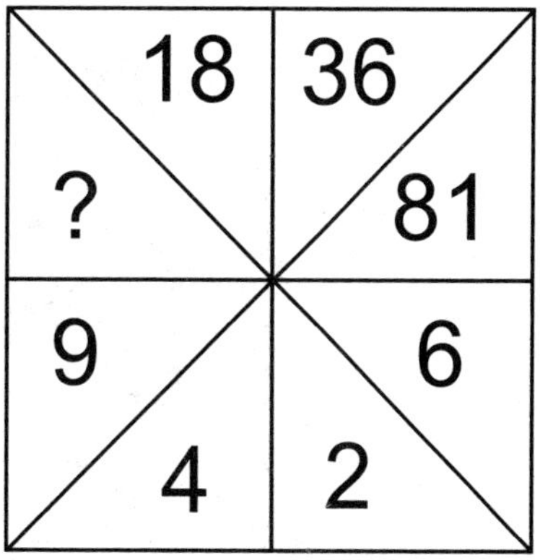

B

【帮您一把】：分析一下对角数字之间运算的规律。

6. 数字六边形

问号处应为什么数字？

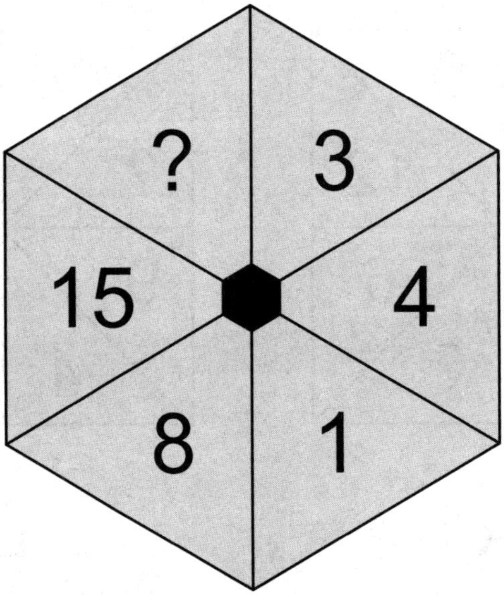

【帮您一把】：分析一下对角数字之间的联系。

7. 数字转盘

问号处应为什么数字？

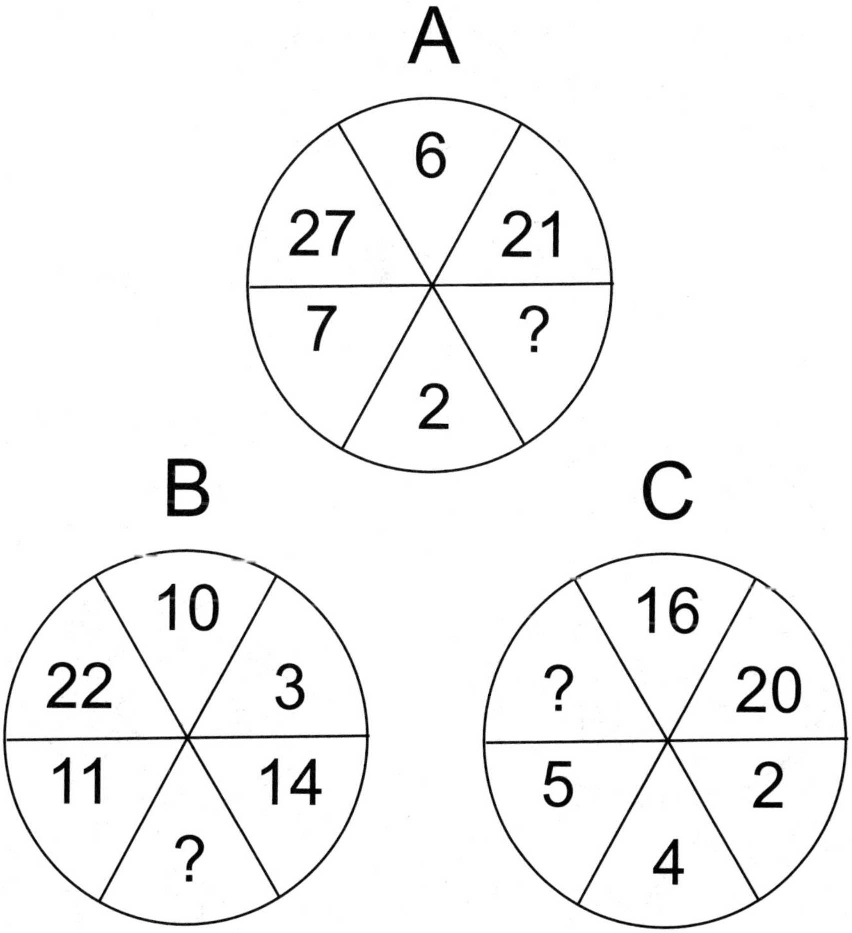

【帮您一把】：分析一下对角数字之间运算的规律。

8. 数字方向盘

问号处应为什么数字？

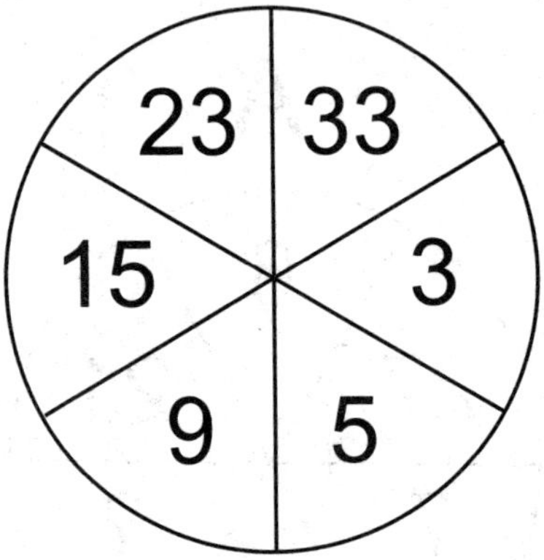

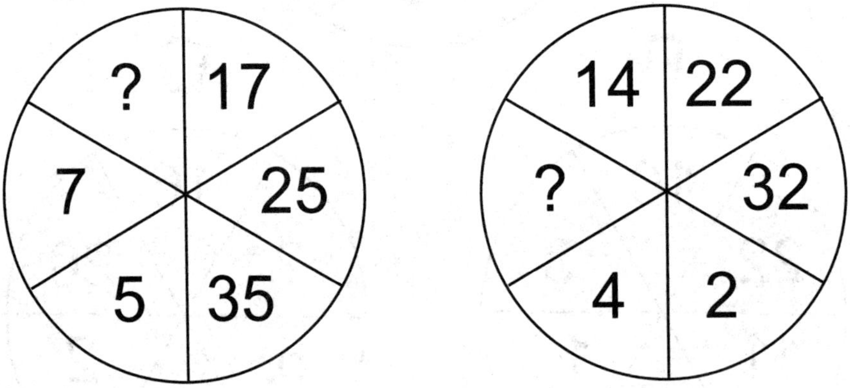

A　　B

【帮您一把】：数字从小到大的变化规律。

9. 数字圆中方

问号处应为什么数字？

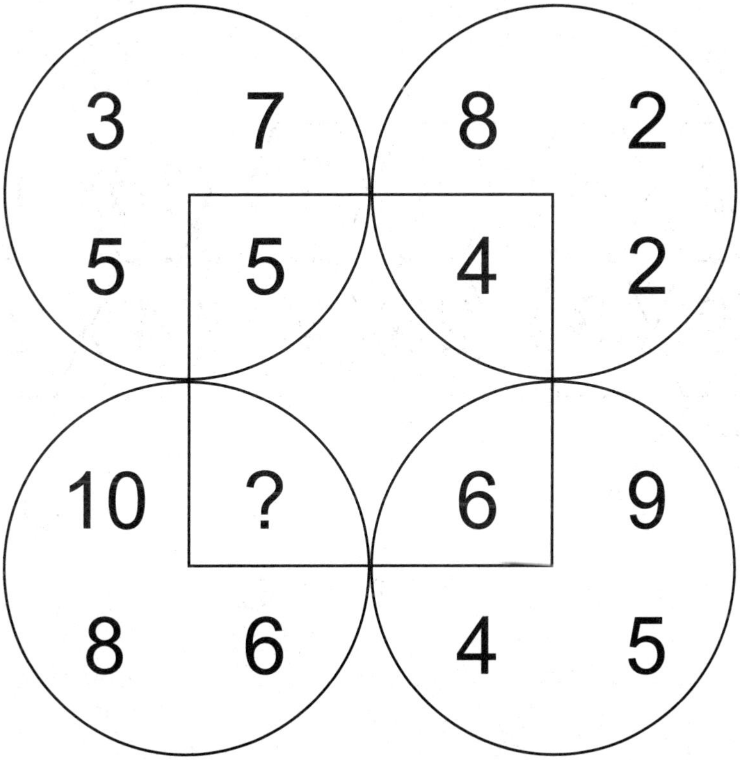

【帮您一把】：每个圆内除方框外的三个数字之和与方框内数字之间的联系。

10. 数字地砖

问号处应为什么数字？

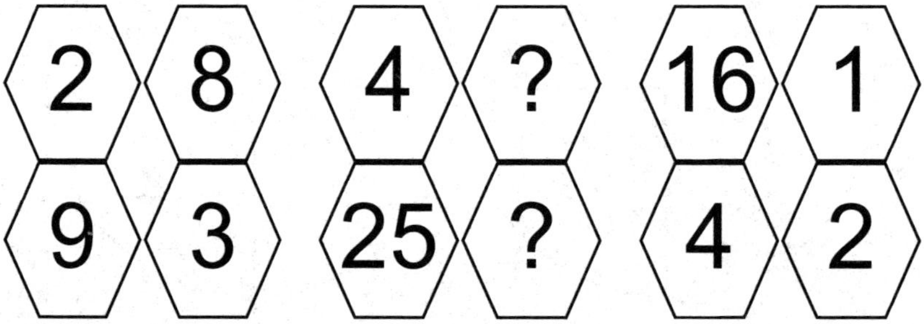

【帮您一把】：上下分开思考。

11. 数字屋顶

你能求出屋顶上缺少的数字吗？门窗上的每个数字只准使用一次，并且位置不能调换。

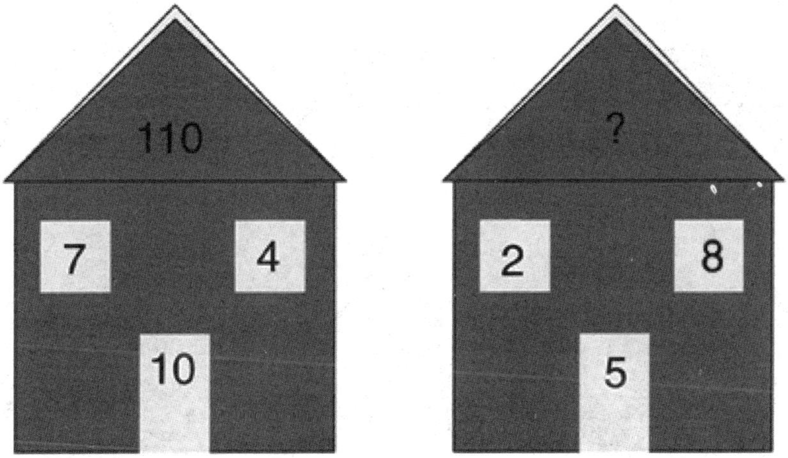

【帮您一把】：“窗”×“门”=“屋顶”。

12. 中心数字

下面每一组图形都有它自己的规律。先把规律找出来，再把空缺的数字填进去。

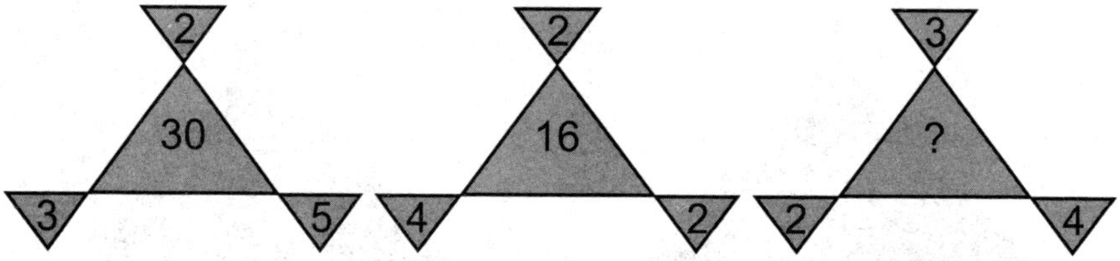

A

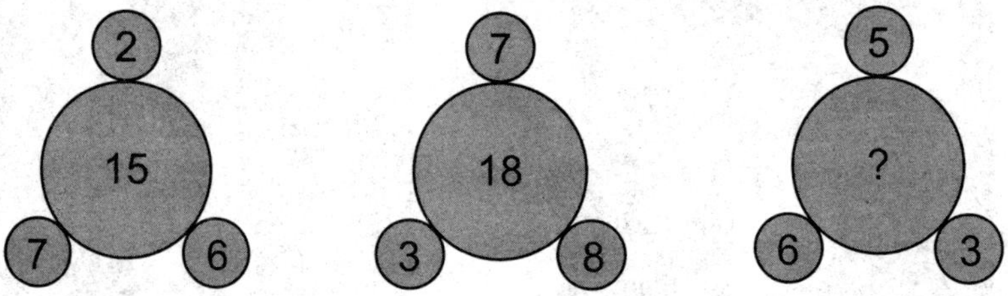

B

【帮您一把】：需要借助另一个数字来计算。

13. 数字金字塔

问号处应为什么数字？

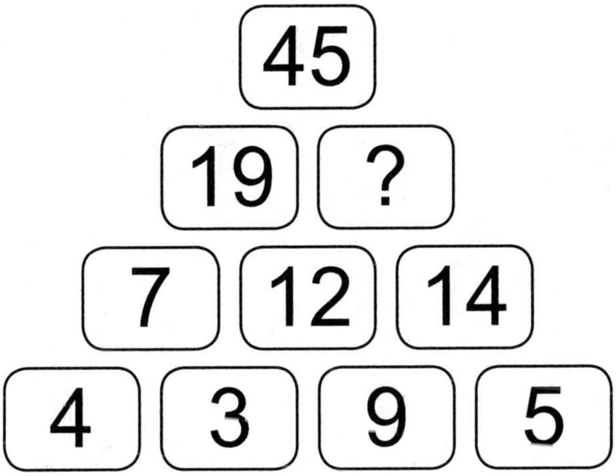

【帮您一把】：相邻数字相加。

14. 数字金字塔之巅

问号处应为什么数字？

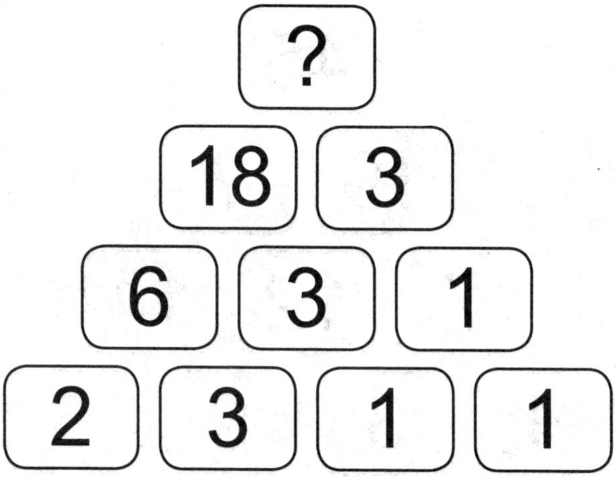

【帮您一把】：相邻两个数之积。

15. 数字向心力

问号处应为什么数字？

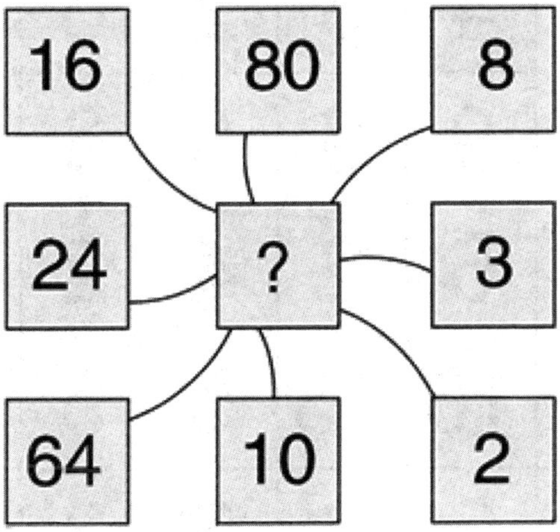

【帮您一把】：对角数字相除。

16. 数码大厦

问号处应为什么数字？

4	8	2	6
9	6	5	3
6	2	4	2
10	15	5	5
3	3	6	?

【帮您一把】：相加再相除。

17. 数字七角星

你能将数字 1 至 14 填到下图的七角星圆圈中，使得每条直线上数字之和为 30 吗？

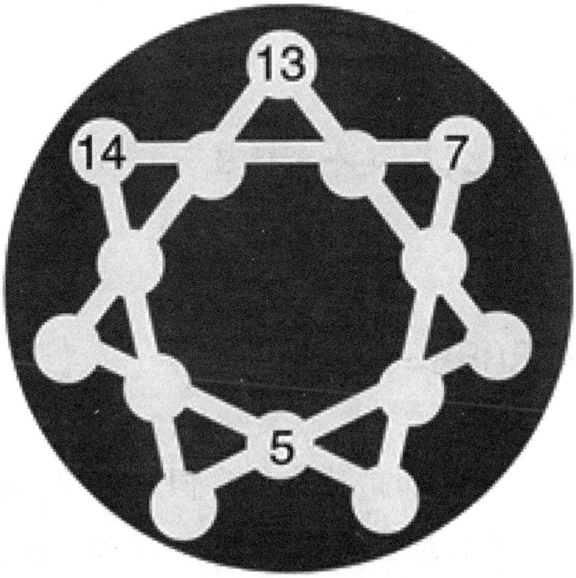

【帮您一把】：其中的一种填法为数字“1”在“14”旁边。

18. 古树多少岁

有一棵古柏树，在它的树枝上挂着一个牌子，牌子上写着这样一段话：“要想知道我今年多少岁，100 比我小，1000 比我大，从左往右每位数字增加 2，而且这几个数字相加之和是 21。”那么，你能知道它几岁吗？

【帮您一把】：是个三位数。

19. 88888888=1000 吗

这个式子是不可能成立的，但是只要你能在 8 个数字“8”中的合适位置加上“+”，等式就会成立。不妨开动脑筋试试看。

【帮您一把】：用到四个“+”。

20. “孙子定理”

我国著名的《算经十书》里《孙子算经》中有一道中外闻名的算题：“今有物不知其数，三三数之剩二，五五数之剩三，七七数之剩二，问物几何？”题意是：现有一些物品，不知道它的数目。3个、3个计数，最后剩2个；5个、5个计数，最后剩下3个；7个、7个计数，最后剩下2个。这些物品至少有多少个？

【帮您一把】：有多个解题思路，只得到最小数即可。

21. 骗子骗钱

一个骗子到商店用100元面值的钞票买了9元的东西，售货员找了他91元，这时，他又称自己有零钱，给了9元而要回了自己原来的100元。请问，他骗了商店多少钱？

【帮您一把】：骗子一共给售货员多少钱？又从售货员那拿回多少钱和东西？

22. 填空格

16 个格子，一格算术符号一格数。请你填上 1 至 8 的数字，使得横竖等式都成立。

	−		=	
÷				+
=				=
	×		=	

【帮您一把】：最大数填左上角。

23. 奇妙幻方

幻方是起源于我国的一种填数字游戏，而三阶幻方就是在3×3的方格内，填上1～9个数，使它的每行、每列和两条对角线上的三个数之和都相等。这可不是一件容易的事情，你能填出来吗？

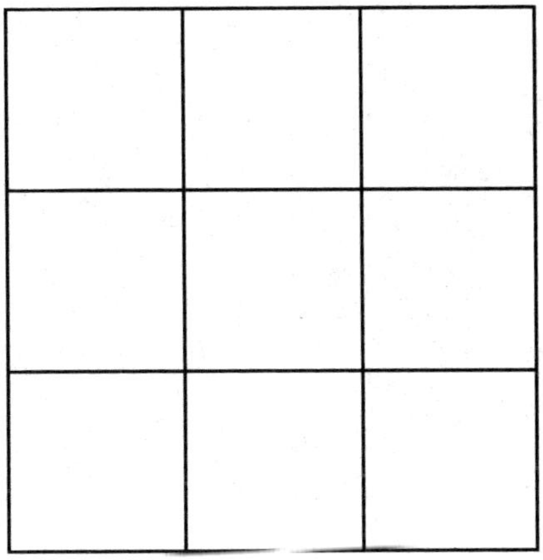

【帮您一把】：每行、第列、每条对角线上的三个数之和是15。

24. 移动的数字

第一个盒子里的数字顺时针旋转后，所处的位置如第二个盒子所示。那些缺少的数字应该在什么位置？

3	5	8
1		6
17	7	9

	1	
5		8
	7	

【帮您一把】：第一个盒子里的“1”顺时针转了“1+1”次后到第二个盒子“1”的位置。

25. 填数游戏

在图中填入数字，使之在横竖方向的计算表达式都是正确的。

	×		=	6
+		+		÷
	−		=	
=		=		=
8	−		=	

【帮您一把】：解法很多，数字可以重复用。

26. 问号处代表的符号

每个符号都代表一个数值，你能判断出问号处放什么符号吗？

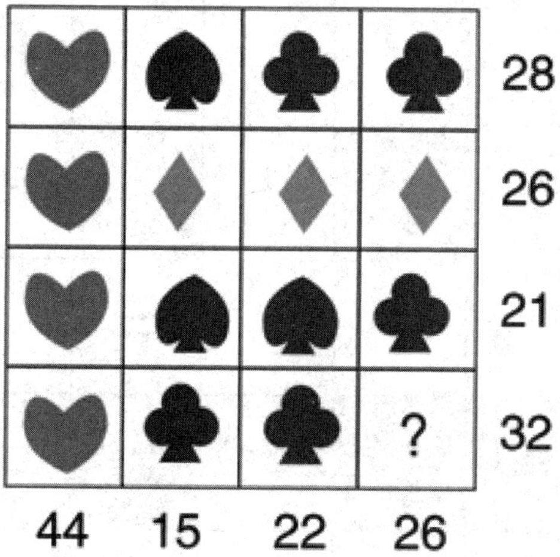

【帮您一把】：先算红桃，再算方块。

数学游戏答案

1. 数字纵横

3。

每一列第一个数字与第三个数字的和的个位数字与十位数字相加，等于第二个数字：3+9=12，1+2=3；8+6=14，1+4=5；7+5=12，1+2=3。

2. 数字路口

A=8，B=6。

中间数字是其上、下（或左、右）数字之差。

3. 数字十字架

A=17，B=11。

左、右、上三个数字之和 ÷ 下面数字 = 中间的数字。

4. 数字三角形

A=8，B=4。

图例显示的规律为：(8-2-2)×2=8；(12-2-7)×2=6。

5. 数字正方形

A=2，B=54。

A 中对角数字之商为 3，B 中对角数字之商为 9。

6. 数字六边形

0。

垂线右侧的数的平方减 1，是对应的左侧对角处数字。

7. 数字转盘

A=9，B=2，C=8。

图形 A 中对角的数字相除等于 3，图形 B 中对角的数字相减等于 8，图形 C 中对角的数字相除等于 4。

8. 数字方向盘

A=11，B=8。

从最小的一个数开始，按顺时针方向，依次递增2、4、6、8、10。

9. 数字圆中方

8。

每个圆内的三个数字（方框外）之和，为同圆内方框内数字的3倍。

10. 数字地砖

4和5。

每组上面两个数相乘均等于16，下面左侧的数开方后为右侧的数。

11. 数字屋顶

50。

屋顶上的数字=窗户上的数字之和×门上的数字。

12. 中心数字

A=24，B=14。

在A组图形中，外边三角形中的3个数相乘，就得到中间三角形中的数字。在B组图形中，小圆圈中的3个数相加，就得到大圆圈的数。

13. 数字金字塔

26。

以最下面一行数字为例：4+3=7；3+9=12；9+5=14。

14. 数字金字塔之巅

54。

从最下面一行看起，底下的两个数的积为上面的数，以此类推。

15. 数字向心力

8。

对角线两侧的数相除，得中间数。

16. 数码大厦

1。

前两个数之和 ÷ 第三个数 = 第四个数。

17. 数字七角星

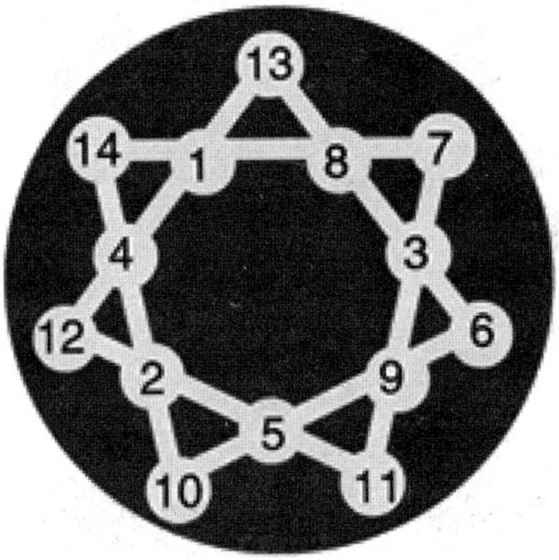

18. 古树多少岁

579 岁。

古柏树说自己的年龄比 100 大，比 1000 小，那么可以判断它的年龄一定是一个三位数。又知个、十、百三位的数字之和是 21，而且个位上的数字比十位上的数字多 2，而十位上的数字要比百位上的数字多 2，则个位上的数字就比百位上的数字多 4，因此百位上的数字是 [21-(2+4)]÷3=5。由此可以得出百位数上的数字为 5，那么十位上的数字就是 5+2=7，个位上的数字就是 7+2=9。由此可以得出，古柏树的年龄为 579 岁。

19.88888888=1000 吗

8+8+8+88+888=1000

20. "孙子定理"

至少有 23 个。

本题有多种解法，主要介绍其中一种。

先寻找“用3除余2”的自然数，有5、8、11、14、17、20、23……128……

再寻找“用5除余3”的自然数，有8、13、18、23……128……

再寻找“用7除余2”的自然数，有9、16、23、30……128……

于是发现，符合题意的自然数有23、128……

其中最小的一个数是23，就是本题的答案。

21. 骗子骗钱

他骗了91元钱。

做这一类题目，千万别被数字弄糊涂了。他开始买东西的时候是公平的，接着用9元换了100元，那么就等于骗了91元。

22. 填空格

8	−	7	=	1
÷				+
4				5
=				=
2	×	3	=	6

23. 奇妙幻方

6	1	8
7	5	3
2	9	4

其中一种填法是：1+2+3+…+9=45；45÷3=15，即每行、每列、每条对角线三个数的和一定是15。有1+9=10，2+8=10，3+7=10，4+6=10，还剩一个5。因此，把5放在中间，逐个填出其他位置上的数就可以了。

24. 移动的数字

给出的每个数字都按顺时针旋转，旋转的次数即为该数字加 1。

17		6
9		3

25. 填数游戏

下图是其中一种解决方案。

3	×	2	=	6
+		+		÷
5	−	3	=	2
=		=		=
8	−	5	=	3

26. 问号处代表的符号

放方块。红桃 =11，黑桃 =1，草花 =8，方块 =5。

身体哪里不舒服，一定马上告诉我。

我爱吃的，其实你也爱吃。现在，我想把更好的都给你。

新家电、新手机、新软件，我都准备好了手写的操作步骤，放心用吧。

第五章

逻辑推理游戏

1. 谁是嫌疑人

甲、乙、丙、丁四人涉嫌某案被传讯。

甲说：作案者是乙。

乙说：作案者是甲。

丙说：作案者不是我。

丁说：作案者在我们四个人中。

如果四个人中只有一个说真话，你能推出谁可能是作案者吗？

【帮您一把】：先假设甲说真话，一步步分析。

2. 珠宝失窃

一家珠宝店的珠宝被盗，经查，可以肯定是甲、乙、丙、丁四个人中的某一个人所为。

审讯时，甲说：“我不是犯罪嫌疑人。”

乙说：“丁是犯罪嫌疑人。”

丙说：“乙是犯罪嫌疑人。”

丁说：“我不是犯罪嫌疑人。”

经调查证实，四个人中只有一个人说的是真话。根据已知条件，你能推出谁是犯罪嫌疑人吗？

【帮您一把】：丁和乙所说互相矛盾。

3. 猜帽子的颜色

三个人位于垂直墙的同一条直线上，并将眼睛蒙起。然后，从装有三顶红色帽子和两顶黑色帽子的箱中取出三顶让他们三个人戴上，并将以上信息告知他们。接着，把他们眼睛上的蒙布拿掉，并要求每人确定各自所戴帽子的颜色。

离墙最远的那个人，他看到了前面两个人帽子的颜色后说："我不知道我所戴帽子的颜色。"离墙第二远的那个人听到了后面的回答，又看到了前面一个人戴的帽色，也回答自己不知道。而第三个人，虽然他看到的只是墙，但他听到了后面两个人的回答，却说："我知道自己所戴帽子的颜色。"你知道他所戴帽子的颜色是什么吗？他是如何确定的？

【帮您一把】：离墙最远的人看到的不是两顶黑色帽子。

4. 四个小偷

四个小偷每个人各偷了一种东西，现正在接受警方的盘问。甲说：“每个人只偷了一块表。”

乙说：“我只偷了一颗钻石。”

丙说：“我没偷表。”

丁说：“有些人没偷表。”

经过警察的进一步调查取证，发现这次审问中只有一个人说了真话。你知道谁说的是真话吗？

【帮您一把】：甲与丁所说互相矛盾。

5. 装珠宝的箱子

一位盗墓者在一个山洞里发现了两个箱子和一封信。信上说：“这两个箱子其中之一装满了珠宝，另一个中装有机关。如果你足够聪明，按照箱子上的提示就能找到打开的方法。”这时，盗墓者看到两个箱子上都有一张纸条，第一个箱子上写着：“另一个箱子上的纸条是真的，珠宝在这个箱子里。”第二个箱子上写着：“另一个箱子上的话是假的，珠宝在另一个箱子里。”那么，他应该打开哪个箱子才不至于中机关而顺利得到珠宝呢？

【帮您一把】：第一个箱子上的纸条如果是真的，那第二个箱子的话也是真的。

6. 王牌

在一盘纸牌游戏中，某个人的手中有这样的一副牌：

（1）正好有 13 张牌；

（2）每种花色至少有一张；

（3）每种花色的张数不同；

（4）红心和方块总共五张；

（5）红心和黑桃总共六张；

（6）属于“王牌”花色的有两张。

红心、黑桃、方块和梅花这四种花色，哪一种是“王牌”花色？

【帮您一把】：四种花色分布为“1246”。

7. 谁是医生

一次聚会上，刘二遇到了张三、李四和王五三个人。他想知道他们分别是干什么的，但三个人只提供了以下信息：三个人中一位是律师，一位是推销员，一位是医生；王五比医生年龄大，张三和推销员不同岁，推销员比李四年龄小。你知道谁是医生吗？

【帮您一把】：张三、李四都不是推销员。

8. 谁是班长

一年级有四个班，每个班都有正、副班长各一名，这八名班长没有同名的。平时召开年级的班长会议时，各班都只派一名班长参加。

参加第一次会议的是洋洋、童童、丽丽、真真；

第二次参加会议的是小美、童童、华华、真真；

第三次参加会议的是洋洋、小美、童童、小方。

三次会议小超都因病没有参加。请问，每个班各是哪两位班长？

【帮您一把】：三次会议都没参加的必和三次会议都参加的同班。

9. 谁是外来人

一个部落分为诚实人和说谎者两部分，诚实人只讲真话，说谎者只讲假话。后来，这个部落里迁来一批外来人，这些外来人有时讲真话，有时讲假话，也就是说，他们讲的每一句话要么是真的，要么是假的。

如果有一天你来到这里，看到甲、乙、丙三个人，其中一个是诚实人，一个是说谎者，一个是外来人，他们三个人各说了一句话。

甲说："我是外来人。"

乙说："甲说的没错。"

丙说："我不是外来人。"

你能从这三句话里判断出他们各自的身份吗？

【帮您一把】：甲不是诚实人。

10. 发生在饭馆里的投毒案

古时候，甲、乙、丙、丁四个人在饭馆里一起吃饭。突然间，丁大叫了一句："有人在饭菜中下毒！"就倒地毙命了。捕头接到报案后火速赶到现场，传讯了与丁一起吃饭的三个人。他们三个人在衙门里都录了口供。由于每个被审问的人都说了两句真话、一句假话，使案情一时难以水落石出。

甲说："我没有毒死丁。""我是同丙坐在一起的。""店小二正在为我们上菜。"

乙说："丁坐在我的对面。""现在我们又有了新的店小二。""店小二没有毒死丁。"

丙说："乙没有犯罪。""是店小二毒死丁的。""凶手就在我们中间。”

甲在说“店小二正在为我们上菜”之前说了一句假话。如果你是捕头，你能否根据这些口供，判断出谁是凶手呢？

【帮您一把】：店小二是好人。

11. 捐款的人

有两位失学儿童各收到一笔助学捐款。经多方查证，断定是甲、乙、丙、丁四个人中某两个人捐的款。

甲说：不是我捐的。

乙说：是丁捐的。

丙说：是乙捐的。

丁说：我肯定没有捐。

最后经过确实，这四个人中只有两个人说的话是真的。

根据上述条件，请判断下列哪项断定可能为真？

A：是乙和丁捐的。

B：是甲和丁捐的。

C：是丙和丁捐的。

D：是乙和丙捐的。

E：是甲和丙捐的。

【帮您一把】：乙和丁说法矛盾。

12. 特尔斐城的少女

古希腊的特尔斐城有 A、B、C 和 D 四位少女。她们正在接受成为预言家的训练。后来，她们之中只有一个人成了预言家，并在特尔斐城谋得一个职位。其余三个人，一个成了职业舞蹈家，一个当了宫廷女侍，第三个当了演奏家。

一天，她们四个人在练习讲预言。

A 预言：“B 无论如何也成不了职业舞蹈家。”

B 预言：“C 将成为特尔斐城的预言家。”

C 预言：“D 不会成为演奏家。”

D 预言：“我将嫁给一个叫阿特的男人。”

可是事实上，她们四个人中只有一个人的预言是正确的，而正是这个人当了特尔斐城的预言家。

她们四个人分别成为什么人？D和阿特结婚了吗？

【帮您一把】：B没有成为预言家。

13. 身后的彩旗

甲、乙、丙、丁四个人坐在一张方桌的四面，每个人身后放着一面彩旗，红色或黄色的，他们都能看到别人身后的彩旗，但看不到自己身后的彩旗，丁问：“你们每个人看到了什么颜色的彩旗？”

甲说：“我看到了三面黄色的彩旗。”

乙说：“我看到了一面红色的彩旗和两面黄色的彩旗。”

丙说：“我看到了三面红旗。”

这三个人的回答中，身后放黄色彩旗的人说了假话，而身后放红色彩旗的人说了真话。请问，谁的身后有红旗？

【帮您一把】：甲＝“假”。

14. 消失的颜色

仔细观察下图，想一想图中的空白圆圈应该填上什么样色？

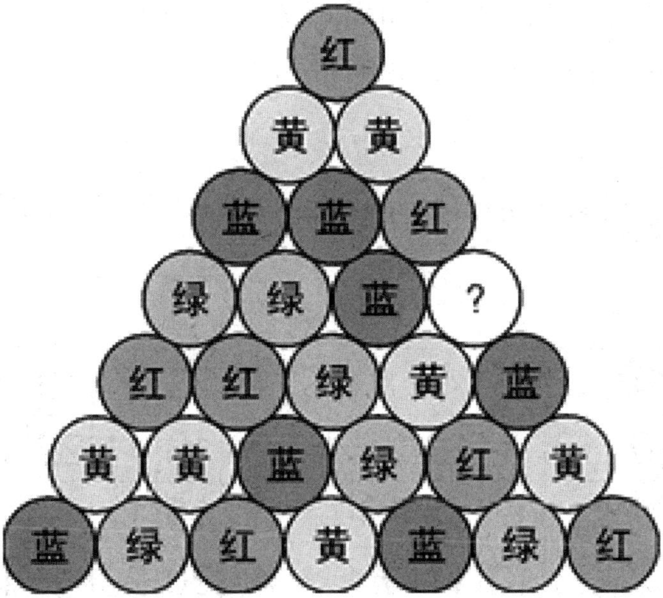

【帮您一把】：红黄蓝绿真可爱！

15. 找数字

游艺会上，刘老师提来一块黑板，黑板上画着两张图表。刘老师说："请同学们在左图里面，任意记住一个数字，告诉我它在第几行，再告诉我右图里它是第几行，我就可以知道它是什么数。"一连几个同学站起来问，都被刘老师说对了。

大家很纳闷，你知道刘老师是怎么找到的吗？

1	10	9	21	4	5
2	6	16	3	19	25
3	17	1	8	22	18
4	2	23	12	11	7
5	14	20	15	13	14

1	24	7	18	25	5
2	13	11	22	19	4
3	15	12	8	3	21
4	20	23	1	16	9
5	14	2	17	6	10

【帮您一把】：规律、规律、规律，重要的事说三遍！

16. 字母与数字（1）

找出各组字母与数字间的联系，哪个选项可取代字母 W 旁的问号？

G	7
M	13
U	21
J	10
W	?

14	23	9
①	②	③
26	2	11
④	⑤	⑥

【帮您一把】：D是4。

17. 字母与数字（2）

表中的字母与数字存在某种对应关系，请根据这种对应关系判断问号处的数字。

K	16
Y	2
P	11
E	22
L	?

①	②	③	④	⑤	⑥
15	13	11	18	8	6

【帮您一把】：X是3。

18. 谁是教授

王太（女）、李太（女）、张太（女）、老赵（男）、老孙（男）和他们的配偶参加了在餐馆举行的一次大型聚会。这五对夫妇被安排坐在一张“L”形的桌子的周围，如图所示。

现已知：

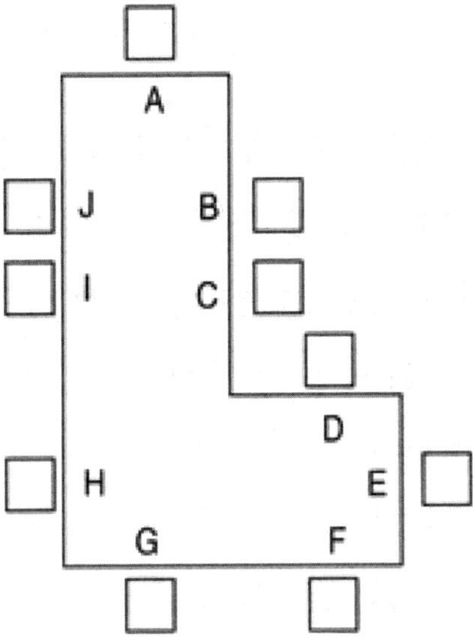

1. 王太的丈夫坐在老赵妻子的旁边；

2. 李太的丈夫是唯一单独坐在桌子的一条边上的男士；

3. 张太的丈夫是唯一坐在两位女士之间的男士；

4. 每位男士都坐在自己妻子的对面；

5. 老孙的妻子坐在教授的右侧。

注："在两位女士之间"指的是沿桌子边缘，左侧是一个女士，右侧是另一个女士。

你能准确判断出这些人中谁是教授吗？

【帮您一把】："注"的那句话也很重要。教授的性别可没有明确说哦。

19. 猜省份

对地理非常感兴趣的几个同学聚在一起研究地图。其中的一个同学在地图上标上了标号 A、B、C、D、E，让其他的同学说出他所标的地方都是哪些省份。

甲说：“B 是陕西，E 是甘肃。”

乙说：“B 是湖北，D 是山东。”

丙说：“A 是山东，E 是吉林。”

丁说：“C 是湖北，D 是吉林。”

戊说：“B 是甘肃，C 是陕西。”

这五个人每人只答对了一个省，并且每个编号只有一个人答对。你知道 A、B、C、D、E 分别是哪几个省吗？

【帮您一把】：B 不是陕西。

20. 左脚还是右脚

皮鞋店的老板将三双同款式的高档皮鞋弄散，分别装进标有“左左”“右右”“左右”的箱子里。但是，这些标签和箱子里的鞋子完全不符。

你能否只打开一个箱子，并从中取出一只鞋子，然后猜出全部箱子里的鞋子是左脚的还是右脚的？

【帮您一把】：贴着“左左”“右右”标签的箱子里面的鞋子一定有“左右”两只的。

21. 编辑值班表

某报社编辑部共有四个编辑，分别负责新闻、经济、文化、体育版。他们的值班时间安排是：

新闻：周一上午，周二、周四全天。

经济：周三上午，周四下午，周五全天。

文化：周一全天，周二下午，周三下午。

体育：周一下午，周二上午，周三全天。

请问：

（1）假如经济编辑只有在其他编辑累计都至少值班了一个整天后才值班，那么他最早要在哪一天才开始值班？

（2）编辑部规定，必须要有一个编辑单独值班一整天。那么，在每个编辑都不能改变自己的值班时间安排的情况下，哪一个编辑可以承担这项工作？

【帮您一把】：画个表格试试看。

22. 大苹果与小苹果

有两筐各 30 千克的苹果要卖。其中，一筐大苹果每 2 千克卖 6 元，另一筐小苹果每 3 千克卖 6 元。这时有个人过来说："这样分开卖，还不如搭配着卖。2 千克大苹果搭配 3 千克小苹果，一共卖 12 元。"卖苹果的认为这个建议合理，就开始搭配着卖。于是，这个人又说："那我就全买了。5 千克搭配苹果 12 元，60 千克就是 12×12=144(元)。"

卖完苹果后，卖苹果的人发现上当了。问：卖苹果的人怎么上当的？

【帮您一把】：大苹果、小苹果各能分几组？

23. 两枚古钱币

有个人收购了两枚古钱币，后来又以每枚 60 元的价格出售了这两枚古钱币。其中的一枚赚了 20%，而另一枚赔了 20%。

问：与当初他收购这两枚古钱币相比，这个人是赚了，赔了，还是持平？

【帮您一把】：算算这个人收购这两枚古钱币时花了多少钱。

24. 赛跑

甲、乙、丙、丁四个孩子赛跑，一共赛了四次，其中甲比乙快的有三次，乙比丙快的有三次，丙比丁快的也有三次。大家可能很容易想到丁一定跑得最慢。但事实却是，在这四次比赛中，丁比甲快的也有三次。

你能说出这是怎么回事吗？

【帮您一把】：谁都得过第一名。

25. 交通肇事

昨晚发生了一件交通事故，现提供线索如下，请你按照一定的逻辑顺序对其进行正确排序：

（1）现场拾到一只破碎灯罩；

（2）对同一型号车辆逐一排查；

（3）确定为某品牌汽车零件；

（4）受伤者被送到医院。

【帮您一把】：伤者为大。

26. 拔河比赛

某校举行拔河比赛，所有学生分为甲、乙、丙、丁四个小组。当甲、乙两组为一方，丙、丁两组为另一方的时候，双方势均力敌，不相上下。但当甲组与丙组对调以后，甲、丁一方就轻而易举地战胜了丙、乙一方。然而，分组较量时，甲、丙两组均负于乙组。这四组中，谁的力气最大？

【帮您一把】：注意甲组与丙组对调后的情况。

逻辑推理游戏答案

1. 谁是嫌疑人

如果甲真，丁也一定真。与题干条件矛盾。甲一定假。

如果乙真，丁也一定真。与题干条件矛盾。乙一定假。

这样，丙和丁就一定是一真一假了。

当丙真、丁假时，无人作案；当丙假、丁真时，作案者是丙。

由于有两种可能，作案者可能是丙。

2. 珠宝失窃

甲说的是假话，因此，甲是犯罪嫌疑人。

由题干可知，乙和丁所说互相矛盾，则其中必有一人说的是真的。假设乙说真话，那么丁说真话，甲也说真话，这与题干相矛盾，假设不成立。所以丁说的是真话，其余三人说的是假话，犯罪嫌疑人是甲。

3. 猜帽子的颜色

离墙最远的那个人必然看到了两顶红色的帽子，或者一顶红色帽子和一顶黑色帽子。因为如果他看到的是两顶黑色的帽子，便能知道自己所戴的是红色的帽子。

中间的那个人看到的必然是红色的帽子，因为如果他看到的是黑色的帽子，他就能从第一个人的回答中知道自己必然戴着红色的帽子。因此，面对墙的最前面的那个人便能推出自己戴着红色的帽子。

4. 四个小偷

甲说的是真话，所有人都偷了表。

甲跟丁矛盾，由题义知只有一个人说了真话，那么甲跟丁之间必有一真，则乙和丙说的话是假的。而丙与丁说的话相吻合，如丁说的是真的，则丙说的也是真的，所以甲说的是真的。

5. 装珠宝的箱子

打开第二个箱子。

如果第一个箱子的话是真的，那么第二个箱子的话也是真的，这自相矛盾。由此，可判断第一个箱子的话是假的。

第一个箱子上的假话有三种可能。

第一种可能，前半部分是假的。如果前半部分是假的，珠宝在第一个箱子里，则第二个箱子上的话是假的，这时，根据第二个箱子的判断，珠宝在第二个箱子里，这和上面的判断冲突。

第二种可能，后半部分是假的。如果后半部分是假的，那么，珠宝在另外一个箱子里，并且第二个箱子上的话是真的，可以判断珠宝在第二个箱子里，这也是矛盾的。

所以，最后一种可能，第一个箱子上的话都是假的，这时，珠宝在第二个箱子里，并且第二个箱子里的话是假的，这时根据第二个箱子的判断，珠宝在第二个箱子里。

6. 王牌

根据提示，四种花色分布为“1246”。那么，根据（5），要么有两张红心和四张黑桃，要么有四张红心和两张黑桃。再根据（4），其中要么有一张红心和四张方块，要么有四张红心和一张方块。综合（4）和（5），其中一定有四张红心；从而一定有两张黑桃。因此，黑桃是王牌花色。

概括起来，此人手中有四张红心、两张黑桃、一张方块和六张梅花。

7. 谁是医生

张三是医生。

从题意中给出的信息可知，张三、李四都不是推销员，所以王五是推销员。那么，推销员的年龄比医生大，则李四不是医生而是律师，张三是医生。

8. 谁是班长

童童与小超同班，洋洋与华华同班，真真与小方同班，小美与丽丽同班。

根据题意，得出下表所示。

会议	参会人员							
	洋洋	童童	丽丽	真真	小美	华华	小方	小超
第一次会议	○	○	○	○				
第二次会议		○		○	○	○		
第三次会议	○	○			○		○	

按照题意，两人同班的必要条件是他们没有一次会议是同时出席的。按照这个条件，从上表中首先可以发现，三次会议都出席的童童必然与三次都没出席的小超同班。然后，从出席过两次会议的洋洋、真真、小美出发，不难发现洋洋与华华同班，真真与小方同班，小美与丽丽同班。

9. 谁是外来人

甲不可能是诚实人，因为诚实人不会承认自己是外来人。如果甲是外来人，则乙说的是真话，因而是诚实人。这样，丙就是说谎者。但丙说的是真话，不可能是说谎者。因此，甲不是外来人，而是说谎者。

因为甲是说谎者，所以乙说的是假话，因而要么是说谎者，要么是外来人。由于甲是说谎者，所以乙是外来人，丙就是诚实人。

10. 发生在饭馆里的投毒案

丙是凶手。

根据提示，因甲讲“店小二正为我们上菜”之前说了一句假话，可以判断出，“店小二正为我们上菜”这句话是真话。那么，乙的口供中“现在我们又有了新的店小二”是假话，由此断定，乙说的另外两句是真话。那么，丙的口供中“是店小二毒死丁的”是假话，其他两句是真话。因此，乙也不是凶手。再回过头来看甲的口供，“我是同丙坐在一起的”是假话，“我没有毒死丁”是真话。综上所述，甲、乙与店小二都不是凶手。所以丙是凶手。

11. 捐款的人

C 的断定可能为真。

乙和丁的说法矛盾，所以他们中有一人说的是真话。如果乙和甲说的是真话，那么，捐款人是丙和丁。如果乙和丙说的是真话，那捐款人就有三个人了。如果丁和甲说的是真话，那么，只可能有一个人捐款。如果丁和丙说的是真话，那么，捐款人是甲和乙。根据选项只有C可能。

12. 特尔斐城的少女

A是预言家，B是宫廷女侍，C是舞蹈家，D是演奏家。D没有和阿特结婚。

由B的预言“C将成为特尔斐城的预言家”可知，B没有成为预言家，因为，如果B成为预言家，那么她的预言就应该是正确的，那么C将成为特尔斐城的预言家。这与“只有一个预言家”是相矛盾的。

既然B的预言是不正确的，那么C也没有成为预言家，所以C的预言也是错误的。既然C的预言错误，那么D最后成了演奏家，而A自然就是预言家。

所以由此可以判断出，B成了宫廷侍女，而C是舞蹈家。D最终也没有嫁给那个叫阿特的男人。

13. 身后的彩旗

乙和丁的身后是红旗。

若丙的话真，则甲、乙应说真话，但他们的话矛盾。所以丙说了假话。

若甲的话真，其他人说了假话，但乙看到一红二黄也应是真的，矛盾。所以甲说的是假话。

若乙说假话，那甲、乙、丙身后都是黄旗，如果丁身后是黄旗，那甲说的是真话了，这不可能，如果丁身后是红旗，那么乙就没有说假话。所以乙、丁身后是红旗。

14. 消失的颜色

绿色。

刚开始看，你也许会觉得这些圆圈的排列根本就没有什么规律，怎么能知道应该填什么颜色，但只要你仔细地看就会发现，它们的排列其实是有规律的：开始是红色，接下来是黄色，然后是蓝色，再然后是绿色。

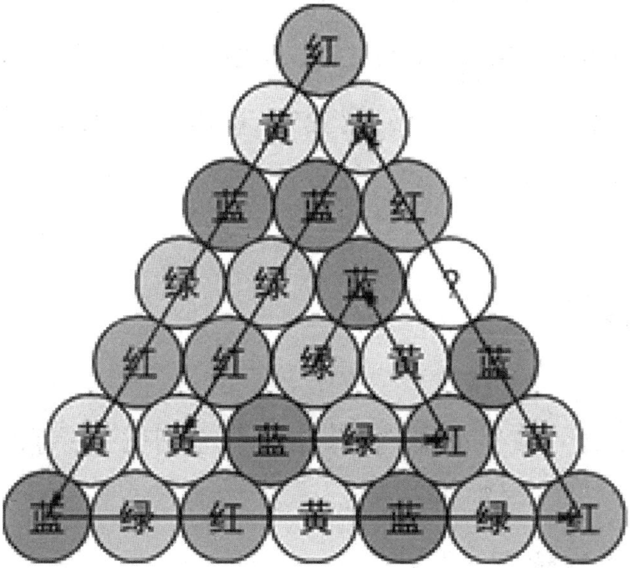

15. 找数字

请你再仔细看这两幅图，左图的第一列(竖行)数字如10、6、17、2、14，在右图中排成14、2、17、6、10，并且作为右图的第五行(横行)。左图中的第二列9、16、1、23、20，在右图中以20、23、1、16、9的形式排在了第四行……

左图中的每一竖行，都如此改排为右图中的横行，这样就找到了规律。

如左图的第三行的18，在右图第一行，只要将左图第三行在右图从17倒竖起来的竖行里，找到排在第一行的数就可以了。

16. 字母与数字（1）

选②。数字代表字母在字母表中的序号。

17. 字母与数字（2）

选①。将字母在字母表中的排序“颠倒”，便是该字母对应的数字。

18. 谁是教授

张太是教授。

A—老孙的妻子

B—张太

C—老赵

D—李太的丈夫

E—王太

F—李太

G—老孙

H—王太的丈夫

I—老赵的妻子

J—张太的丈夫

19. 猜省份

假设甲说的第一句话正确，那么B是陕西，戊的第一句话就是错误的，戊的第二句话就是正确的；C是陕西就不符合条件。所以，甲说的第二句话正确。那么E就是甘肃。戊的第二句话就是正确的，C是陕西。同理，便可推出A是山东，B是湖北，C是陕西，D是吉林，E是甘肃。

20. 左脚还是右脚

先打开标有“左右”标签的箱子。因为箱子的标签和里面的鞋子是完全不符的，所以，标有“左右”标签的箱子里面的鞋子就一定不是左右两只，那么只能是“右右”，或“左左”。

21. 编辑值班表

按条件试做表如下表所示，并将所有信息填入相关表格。

经观察：

	周一		周二		周三		周四		周五	
	上午	下午	上午	下午	上午	下午	上午	下午	上午	下午
新闻	○		○	○			○	○		
经济					○			○	○	○
文化	○	○		○		○				
体育		○	○		○	○				

（1）周二下午后，除经济编辑外，其他三人的累计值班天数都已经满了一整天，所以，经济编辑开

始值班的日子是周三上午。

（2）从图表上看，显然只有经济编辑在周五可以承担这项工作。

所以，问题（1）的答案是：周三上午。问题（2）的答案是：经济编辑可在周五承担这项工作。

22. 大苹果与小苹果

少卖了 6 元钱。

30 千克小苹果按 3 千克一份划分，可以分为 10 组；而 30 千克大苹果按 2 千克一份划分，则可以分为 15 组。因此，将它们以 3 ∶ 2 的比例搭配时，组合到第 10 组时，小苹果就组合完毕，余下的 5 组 10 千克大苹果就不可能再按 3 ∶ 2 的比例组合，只能以大苹果的实际价格来卖了。如果仍然将这 10 千克大苹果按搭配价格来卖，自然就会少卖钱了。

10 千克大苹果本来应该卖：

6（元）×5（组）=30（元）

而实际上只是卖了：

12（元）×2（组搭配）=24（元）

少卖的 6 元钱就是这样产生出来的。

23. 两枚古钱币

赔了 5 元。

从一枚赚了 20% 而另一枚赔了 20% 的表面现象看，似乎是不赔不赚。但这两个比率所比的对象不同。如按每枚 60 元出售，则赚了 20% 的古钱币，其收购价格为：60÷100/120=50（元）。另一枚赔了 20% 的古钱币，其收购价格为：x×(1-20%)=60（元），x=75（元）。

这样，两枚古钱币的收购价格为 50+75=125（元），而出售价格为 120 元，所以这个人在这次交易中，赔了 5 元钱。

24. 赛跑

四次比赛的名次如果分别为①甲、乙、丙、丁；②乙、丙、丁、甲；③丙、丁、甲、乙；④丁、甲、乙、丙的话，就会出现题中所述的情况了。

25. 交通肇事

（4）—（1）—（3）—（2）。

本题主要围绕一起交通事故展开，肯定应该先救治伤员，第一项应为（4）。（1）现场拾到一只破碎灯罩，（3）确定为某品牌汽车零件，（2）对同一型号车辆逐一检查，这明显是一个连续行为，所以（1）—（3）—（2）应排在一起。

26. 拔河比赛

丁组。

因为甲、乙与丙、丁势均力敌，甲、丁轻而易举战胜丙、丁，所以，丁组力气大于乙组。而乙组力气又分别大于甲组和丙组，所以，丁组力气最大。

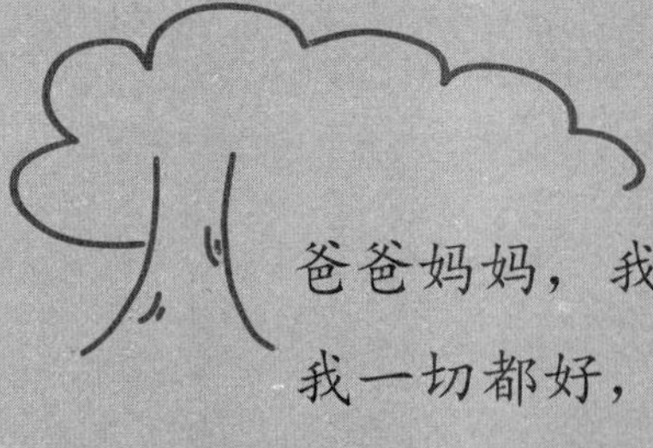

爸爸妈妈，我爱你们。

我一切都好，别太牵挂我，放心！

曾经，你是我的大树，现在，我就是你的大树，庇护你，让你依靠。

第六章

谋略思维游戏

1. 蚂蚁过路

有两只蚂蚁在地下通道相遇。通道很窄，一次只能过一只蚂蚁。幸好，通道一侧有一个凹处，但是里面被一颗小石子占据了，把它移出来又占据了通道。你认为两只小蚂蚁可以双双通过这个狭窄的通道吗？

【帮您一把】：凹处也可以躲蚂蚁。

2. 渡河

有几个户外运动爱好者一起来到河边，准备过河。但是这条河上的桥已经毁坏，河水又很深。就在大家为过河的事情一筹莫展的时候，队长忽然看见有两个少年正在河边的一条小船上玩耍，可是这条船实在是太小了，它每次只能载一个成人或两个少年，这样还是没有办法渡过这条河。就在大家一筹莫展之际，队长灵机一动，想出了一个办法，后来全队人用这个方法顺利地利用这条小船渡过了河。那么，你知道他们是如何利用小船过河的吗？

【帮您一把】：最累的是少年。

3. 比较瓶子的大小

有两个瓶子，一个细高，一个粗矮，在没有量杯的情况下，你能用最简单的方法尽快知道哪个瓶子的容积更大吗？

【帮您一把】：用瓶子装东西。

4. 羊、狼和白菜

一个人要带一只羊、一匹狼和一棵白菜过河。但他的小船只能容下他以及羊、狼和白菜的三者之一。如果他带白菜先走，则留下的狼就会把羊吃掉；如果他把狼带走，留下的羊就会把白菜吃掉。只有当人在的情况下，白菜、羊和狼才能相安无事。请问，这个人如何才能把每件东西都带过河去？

【帮您一把】：羊先过河。

5. 强渡危桥

一天，上级派甲、乙、丙、丁连夜赶赴外地去执行任务。不幸，途中雷雨交加、天昏地暗，又遇到了一座危桥。由于时间紧迫，四个人决定冒险过桥。

他们四个人手中只有一个手电筒可用来照明，同一时间只能有两个人走在危桥上，否则桥就会倒塌。

四个人过桥所需时间如下：

甲 1 分钟，乙 2 分钟，丙 5 分钟，丁 10 分钟。

他们如何在 17 分钟内安全渡过这座危桥？

【帮您一把】：行动速度快的人传手电筒。

6. 算算有几个人

在一间房子里，有几张三条腿的凳子和四条腿的椅子，并且它们都有人坐。如果你数出房间里有 39

条腿，那么是否就有可以算出有几张凳子，几张椅子和几个人呢？

【帮您一把】：不要忘了算人的腿。

7. 胜者为王

老五和老李玩一种叫“抢 30”的游戏。游戏规则很简单。

第一个人从 1 开始，顺序报一个数或两个数，也就是说他可以只报 1，也可以报 1、2，但是不能报 1、2、3，因为最多只可以报两个数，当然，也不可以一个数都不报。

第二个人接着第一个人报的数报下去，但至多也只能报两个数，比方说第一个人报的是 1，则第二个人可以报 2，也可以报 2、3；如果第一个人报了 1、2 两个数，则第二个人可以报 3，也可以报 3、4。

接下来仍由第一个人接着报，如此轮流下去，规定谁先报到 30 谁胜利。

老王很大度，每次都是让老李先报，但每次都是老王胜利。老李觉得这其中一定有猫腻，于是坚持要老王先报，结果几乎每次还是老李胜利。

你知道老王胜利的策略是什么吗？

【帮您一把】：3 的倍数是关键。

8. 取棋子的策略

准备 22 颗棋子，左边放 10 颗，右边放 12 颗，如图所示。

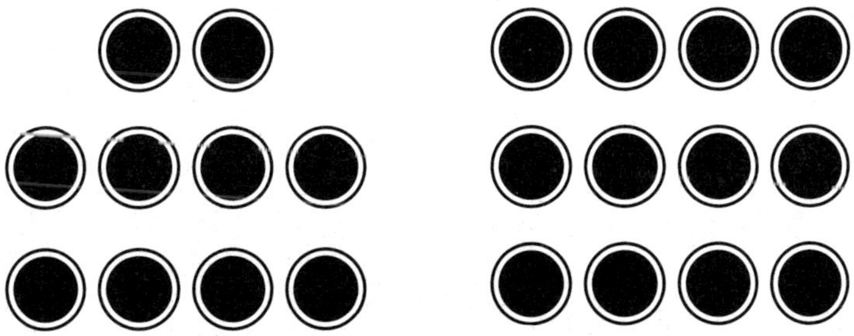

现规定小红和小明两人轮流取棋子，规则如下：可以从左边一堆或右边一堆中取出 1 颗、几颗直到整个一堆；如果从两堆中同时取的话，则必须取出同样多的颗数。谁能取得最后一颗或数颗棋子为胜利者。如果这场比赛小红要赢的话，她该如何取才会获胜？

【帮您一把】：小红先取。

9. 一猜即中的游戏

首先，让你的朋友在心中任意默想一个自然数。然后请他依顺序按下列要求进行计算：把默想的数乘以 5；所得的积加 6；所得的和乘以 4；所得的积减 4；所得的和乘以 5。最后，让你的朋友把计算的结果告诉你。根据这一结果，你就能在几秒钟内准确无误地确定你朋友心中默想的数字。你知道这是如何做到的吗？

【帮您一把】：算算就可以知道了，有个固定的数字。

10. 凶手的名字

旧时的上海滩，一名青年死在了一座高楼旁边，警方断定死者是从这座楼的楼顶上落下坠地而死亡的。警方发现在这名死者的手心上用笔写着一个“森”字，像是在暗示着杀人凶手的名字，却因时间有限而只写了一个字。笔就落在他手边的地上，而且只有他的指纹。看来确是坠楼的同时掏出笔写在手心上的。警方根据举报找到了案发当时也在楼顶上的五名疑犯，他们都与死者认识，但是他们谁都不承认自己是推死者坠楼的人。他们分别叫：张宇、刘森、赵方、张森、杨一舟。这时，警方想起了死者手心上的那个字，认定了杀人凶手，你知道那个杀人凶手是谁吗？

【帮您一把】：三个人的名字里有相同的字。

11. 对号入座

开始聚餐了，有 A、B、C、D、E、F 6 人坐在一张圆桌上。由于他们六个人之间矛盾重重，因此有些人是不能挨着坐的。已知 E 与 C 相隔一人，且在 C 的右侧（如图所示），D 坐在 A 对面，F 与 A 不相邻，B 在 F 的右侧。A、B、D、F 各坐什么位置？

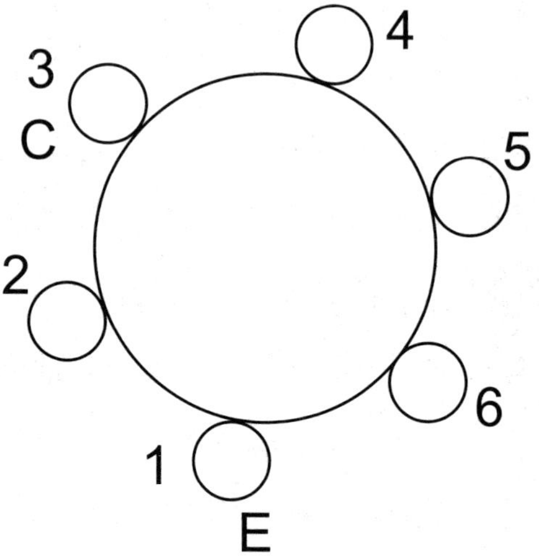

【帮您一把】：A、D在2、5的位置上。

12. 精明的将军

在古代的一次城市保卫战中，一位将军带领360个将士守护一座城池。这位将军将360个将士分派在四面城墙上，并使四周敌人都能看到每边城墙上有100个将士守卫。战斗异常激烈，守城将士不断阵亡，兵员逐渐减少至340、320、300、280、260、240、220。但在这位将军的巧妙安排下，每边城墙上的守卫将士始终都能让敌人看到有100名。敌人以为是天帮神助，便惊慌地后撤了。

您知道：这位将军是怎样巧妙安排的吗？

【帮您一把】：角上的数两次。

13. 三枚硬币

小明和小军打赌。

小明说："我向空中扔三枚硬币。如果它们落地后全是正面朝上，我就给你 10 元钱。如果这三枚硬币全是反面朝上我也给你 10 元钱。但是如果它们落地时是其他情况，那你就得给我 5 元钱。"

你认为小军会和小明打这个赌吗？

【帮您一把】：别轻易与人打赌，小心上当！

14. 买油

小刘去油店买油，可这时偏偏赶上油店的电子秤坏了，还没有来得及修理。

小刘带了一个5斤的油瓶，要买4斤油，但是老板放油的桶是透明的圆柱状的，容量是30斤，只在15斤处有刻度，而且里面只有22斤油，所以老板不知道该怎么给小刘倒油，才能使给小刘的油正好是4斤。

这时候，老张也来买油，他带来一个可以盛4斤的油瓶，要买3斤油。老板想出办法，借助小刘和老张的油瓶，使两位顾客都买到了自己想要数量的油。

你知道这位老板是怎么做到的吗？

【帮您一把】：油瓶借来用用。

15. 塔楼上的囚徒

古时，有甲、乙、丙三个人被人诬陷入狱，被囚禁在一座塔楼上。塔楼上除有一个窗口可用于逃离外，再无其他出路。现在塔楼上有一个滑轮、一条绳索、两个筐子、一块重30千克的石头。不过在一个筐子比另一个筐子重6千克的情况下，两个筐子才可以毫无危险地一上一下。已知甲体重 78 千克，乙体重 42 千克，丙体重 36 千克。

你知道这三个人是怎样借助塔楼上的工具逃离的吗？

【帮您一把】：其实就是过河问题。

16. 比赛吃馒头

一次，师父让自己的两个徒弟进行吃馒头比赛。规则很简单：每人每次最多能吃两个馒头，吃完了才准再拿。谁吃到的馒头多，谁就是赢家。师父刚揭起蒸笼盖，大徒弟就迫不及待地抢先抓起两个馒头大口吃起来。二徒弟见笼内还有三个馒头，就先拿了一个馒头吃。大徒弟暗笑二徒弟傻，肯定要输给自己，不免得意扬扬起来。结果最后大徒弟输给了二徒弟，你知道是为什么吗？

【帮您一把】：吃一个馒头总比吃两个馒头快。

17. 吹牛

有一个人他总是喜欢吹牛。有一次他和一群人在聊天时说："我最近刚发明了一种液体，无论是什么东西，这种液体都可以将其溶解。它是目前世界上最好的溶剂，我打算明天就去申请专利，这样我很快就要发财了。"其他聊天的人虽然知道他是在吹牛，但又不知该如何反驳他。这时，一个小孩问了一句，这个人就哑口无言。你知道这个小孩问了句什么吗？

【帮您一把】：液体在哪呢？

谋略思维游戏答案

1. 蚂蚁过路

可以。

先由其中一只蚂蚁将小石子拖出，然后进入凹处。另一只蚂蚁推着小石子往前走，等过了凹处后停下，让这只在凹处的蚂蚁爬出来，并接着往前爬。自己再把小石子拖回，放在凹处，然后自己爬走。这样两只蚂蚁就可以双双通过狭窄的通道。

2. 渡河

首先，让两个少年划船到对岸，然后留下一人，另一人再把小船划回去，并上岸。然后，一个成人将船划到对岸，留在对岸的少年再将船划回，随后将另一个少年载到对岸，然后再将船划回去，自己上岸，第二个成人再上船，把它划到对面去。之后，在对岸的少年再把船划回去，将在成人那一边的少年接到对岸，然后自己在划船回去，并上岸……也就是说，小船每往返两次才能载一个成人到河的对岸，所以，这队中有多少人，就需要这样重复多少次。

3. 比较瓶子的大小

能。

将其中的一个瓶子装满水，然后再倒入另一个瓶子中，如果装不下，则另一个瓶子的容积更大；如果装不满，则另一个瓶子的容积更小；如果恰好装满，则两个瓶子的容积相等。

4. 羊、狼和白菜

由于羊怕狼，羊会吃菜，所以先由羊开始解决。

步骤如下：

先带羊到对岸，人回来；

再把狼带到对岸，把羊带回；

把菜带到对岸，人再回来；

最后把羊带到对岸。

5. 强渡危桥

甲和乙一起过桥（需要 2 分钟），甲带手电筒回去（需要 1 分钟）。丙和丁一起过桥（需要 10 分钟）。乙带手电筒回去（需要 2 分钟）。甲和乙一起过桥（需要 2 分钟）。

所用时间加起来一共是 17 分钟。

走得较快的甲、乙是来回两边传递手电筒的最佳人选。

6. 算算有几个人

是可以算出来的。

你只要记住，每条腿都数过了，包括凳子腿、椅子的腿和人的腿。这样，对于每张有人坐的凳子，有五条腿（三条凳子腿和两条人腿），而每张有人坐的椅子都有六条腿。所以，5×（凳子数）+6×（椅子数）=39。

由此，就很容易解出来了。最后算出有 3 张凳子、4 张椅子和 7 个人。

7. 胜者为王

老王的策略其实很简单：他总是报到 3 的倍数为止。他之所以能做到这一点，是因为让老李先报。

假设老李先报，则根据游戏规则，他或者报 1，或者报 1、2。如果老李报 1，则老王就接着报 2、3；如果老李报 1、2，则老王就报 3。无论哪种情况，老王总是能报到 3 为止。接下来， 老李从 4 开始，按着数字顺序报一个数或两个数， 老王则视老李的情况，接下去顺序的报一个或者两个数，结果又报到 6 这个 3 的倍数为止。依此类推，可以知道老王总能使自己报到 3 的倍数为止。由于 30 是 3 的倍数，所以老王总能报到 30。所以，老李没有赢的机会。

老李只是感觉到了老王的把戏，却并没有领会其中的奥妙，因此，虽然后来让老王先报，但是不能有意识地报到 3 的倍数为止，而一旦他没有止于 3 的倍数，老王马上就又抓住了机会，让自己止于3的倍数，以后老李就又没有翻盘的机会了。

8. 取棋子的策略

小红先取棋子。

首先从右边一堆中取出 6 颗，成为右边一堆 6 颗，左边一堆 10 颗，即（10，6）以后在拿的过程中，留给对方的应是（7，4），（5，3），（2，1）的形式。当最后（2，1）留给对方时，小红就是胜利者了。

9. 一猜即中的游戏

假设这个数是 n：

$$n\times 5=5n$$

$$5n+6$$

$$(5n+6)\times 4=20n+24$$

$$20n+24-4=20n+20$$

$$(20n+20)\times 5=100n+100$$

在上述等式中，n 代表你朋友选择的数。如果你从最后的得数中减去 100，然后再除以 100，就得到了 n，即你朋友选择的数。

10. 凶手的名字

凶手是张森。

从推理的角度来看，先把五个人的名字都看一遍"张宇、刘森、赵方、张森、杨一舟"，你会发现，如果凶手是赵方和杨一舟，那么被害人只要写他们名字中的一个字就可以代表凶手了，因为没有其他人名中有相同的字，比如赵方的"方"或杨一舟的"舟"字，而"张宇、刘森、张森"这三个人的名字中有相同的字，如果凶手是张宇，被害人只写"宇"就可以了，所以凶手也不是他。同样，如果是刘森的话只要写个"刘"就可以代表他了，所以凶手就是张森了。

11. 对号入座

知道D坐在A对面，那么D和A一定在2、5的位置上，又知F与A不相邻，那么A应在2号位置，D在5号位置，因为B在F的右侧，所以4号是B，6号是F。

12. 精明的将军

如图所示。

360:

10	80	10
80		80
10	80	10

340:

20	70	10
70		70
10	70	20

320:

20	60	20
60		60
20	60	20

300:

20	50	30
50		50
30	50	30

280:

30	40	30
40		40
30	40	30

260:

40	30	30
30		30
30	30	40

240:

40	20	40
20		20
40	20	40

220:

50	10	40
10		10
40	10	50

13. 三枚硬币

小军不会与小明打这个赌。

其实这是一道概率题，要想知道小军会不会与小明打赌，我们先来看看硬币落地时全是正面和全是反面的概率有多少就知道了。

首先列出三枚硬币落地时的所有可能的式样。总共有 8 种式样，分别是：

正面、正面、正面；

正面、正面、反面；

正面、反面、反面；

正面、反面、正面；

反面、正面、正面；

反面、正面、反面；

反面、反面、正面；

反面、反面、反面。

以上每种样式出现的可能性都与其他样式相同。而出现全是正面和全是反面的情况只有两种，也就是说硬币落地时全是正面和全是反面的可能性只有2/8，而硬币落地时不是上述两种情况的可能性是6/8。

14. 买油

由于老张的油瓶是4斤的，而且小刘想要买4斤油，所以老板可以先倒满老张的油瓶，然后倒到小刘的油瓶中，这样小刘就得到了他想要的4斤油了。

这时桶里的油还有18斤，老板再把桶里的油往老张的油瓶中倒，当桶里的油剩下桶的容量的一半时停止，因为装油的桶是30斤的并且是圆柱状的，所以一半就是15斤，由此也就知道了老板往老张的油瓶中倒入的油正好是 3 斤。

就这样，小刘和老张都得到了他们想要的数量的油。

15. 塔楼上的囚徒

逃离步骤如下所示。

逃离步骤	塔楼上	塔楼下
（1）先用人力将石头慢慢放下	甲、乙、丙	石头
（2）丙下，石头上	甲、乙、石头	丙
（3）乙下，丙上	甲、丙、石头	乙
（4）石头下	甲、丙、乙	石头
（5）甲下，乙和石头上	乙、丙、石头	甲
（6）石头下	乙、丙、甲	石头
（7）丙下，石头上	乙、石头	甲、丙
（8）乙下，丙上	丙、石头	甲、乙
（9）石头下	丙	甲、乙、石头
（10）丙下，石头上	石头	甲、乙、丙（逃离）
（11）石头自然坠下		

16. 比赛吃馒头

大徒弟第一次吃两个馒头，肯定要比二徒弟第一次吃一个馒头慢。当二徒弟吃完第一个馒头的时候，大徒弟肯定没有吃完两个馒头。二徒弟就可以同时抓起笼子内剩下的两个馒头慢慢地吃。等大徒弟吃完两个馒头的时候，笼内已经没有馒头可吃了。这样，按照师父的规定，二徒弟肯定是会赢的。

17. 吹牛

小孩问："你用什么来装这些液体呢？"

既然这些液体任何东西都可以溶解，自然也就没有容器能够装得了它。